语言文字应用丛稿

苏培成 著

语文出版社

图书在版编目(CIP)数据

语言文字应用丛稿/苏培成著.—北京：语文出版社，2010.4

ISBN 978-7-80241-303-0

Ⅰ.①语… Ⅱ.①苏… Ⅲ.①汉语—语言学—文集 ②汉字—文字学—文集 Ⅳ.①H1-53

中国版本图书馆 CIP 数据核字(2010)第 031965 号

语言文字应用丛稿

苏培成 著

*

语文出版社出版

100010 北京朝阳门南小街 51 号

E-mail:ywp@ywcbs.com

新华书店经销 北京鑫海达印刷有限公司印刷

*

787 毫米×1092 毫米 异 16 开本 16 印张 211 千字

2010 年 6 月第 1 版 2010 年 6 月第 1 次印刷

印数：1—1,000 定价：22.00 元

序　言

2004年10月，商务印书馆出版了我的论文集《语言文字应用探索》，书内收入我在2004年以前写的论文28篇。现在呈现给读者的是我的另一本论文集《语言文字应用丛稿》，收入自2004年以来我写的论文31篇。这31篇论文分为五组，讨论的问题分别是：规范汉字表、简繁字、现代汉字（简繁字除外）、语文现代化和语文辞书。这些文章都是发表过的，这次编为文集，其中有几篇文章有小的改动。改动是基于两种原因，一种是表述上有细微的改变，另一种是发表时曾经过编辑的加工，这次恢复了原稿。

这些文章的写作，曾经耗费了许多时间，几经修改，力戒轻忽草率，但是限于学力和精力，创获有限，不敢自以为是，敬祈各界读者指正。

这本文集中有些文章是答复别人的批评，有些文章是提出对别人文章的商榷。为了便于读者比较论辩双方的是非，我曾想把相关的文章和我的文章放在一起，请读者审阅。可是我和这些文章的作者绝大多数并不相识，无法征得他们的同意，这种设想只得作罢。我在这里想说的是，我和这些作者之间的论辩完全属于学术探讨。我对他们非常尊敬，是他们的著作启发了我的思考。我的看法一定会有谬误之处，需要日后补充修正。

感谢语文出版社为出版这本小书尽心尽力的所有朋友。

苏培成

2009年9月于北大燕北园

目 录

现代汉字学的学科建设*

一、现代汉字学的建立和现状

(一) 现代汉字研究播种于清末、萌芽于五四

清末新检字法的创造可以看作是为现代汉字研究播下了种子，而最初创造检字法的是几位外国人。例如俄国人维理雅本等于 1810 年用新法编著《华英字典》，法国人 J. M. Callery 于 1841 年著 Systema Phoneticum Scripturae Sinicae 等。[①]外国人要研究中国的学问，必须从识字开始，而那时的汉字字典检索不便，他们使用感到困难，因而不得不自创新法。中国人从事现代汉字研究开始于五四前后。1909 年教育家陆费逵在《教育杂志》创刊号上发表了

* 本文曾在现代汉字学学科建设高级研讨会（2006 年 10 月 25 - 26 日于渤海大学）上宣读过。

《普通教育当采用俗体字》的论文，他从发展普通教育的角度，提出要采用笔画简单的俗体字。1918 年林玉堂发表了《汉字索引制说明》，提出了改进汉字检字法的设计。1922 年钱玄同发表《减省现行汉字的笔画案》，提出了简体字构成的八种方法。这些研究标志着一向只关注古典文献用字的汉字学，开始把目光投向了白话文用字的研究。这种转变是由当时中国社会正在发生的巨大变化而引起的，是汉字研究的划时代的大进步。首先是文字观念的改变。五四前后汉字的崇高地位开始动摇，文字工具论和文字进化论代替了传统的汉字神圣论和汉字不变论。其次是社会语文生活的改变，废科举、兴学堂，推行新式教育，使识字教育不再面向少数人，而是面向普通民众。学校不读经书，改读白话，白话文用字中的种种问题迫使汉字研究者做出回答。第三是语文机械处理技术的兴起，汉字这位老寿星要面对印刷、打字、电报等西方传来的文字处理技术。这一切都是传统汉字研究所未曾遇到的，也是传统汉字研究很难解决的。社会的需要促进学术研究的发展，研究现代汉字、解决汉字在实际应用中遇到的难题已经成为时代的需要。

（二）早在新中国建立之初，“现代汉字”这个术语就出现在汉语语言学的文献上

丁西林先生在 1952 年 8 月号的《中国语文》上发表了《现代汉字及其改革的途径》，在文章的标题里就出现了“现代汉字”这个术语。黎锦熙先生在 1952 年 9 月写成的《学习苏联“现代俄语教学大纲”试拟的“现代汉语”教学大纲》中列出的讲授的内容有：“现代汉字‘一字多体’的统计和划一的‘正体字’的认定（印刷体为主要）。”魏建功先生在 1964 年前后写成的《文字·音韵·训诂》讲义里有“现代汉字综述”专节，其中说到：“‘汉字’的一定含义是在我国多民族大家庭中作为跟其他文字区别的标志。同时又是一种有国际性的语文工具，为东亚几个国家所应用。这完全适用于现代汉字。”1980 年以前汉语语言学文献里使用“现代汉字”这个术语的资

料，见本文的附件一。

（三）《现代汉字学发凡》的发表催生了现代汉字学这门学科

1980年5月出版的《语文现代化》第二辑里刊载有周有光先生写的《现代汉字学发凡》。

在这篇文章里，周先生提出了以下的重要观点：1. 汉字学分为三部分：（1）历史汉字学，（2）现代汉字学，（3）外族汉字学。2. 现代汉字学研究现代汉字的特性和问题，目的是为今天和明天的应用服务，也就是为四个现代化服务，减少汉字在现代生活中的不方便。3. 现代汉字学是个新名称、新事物。它播种于清末，萌芽于五四，含苞于解放，嫩黄新绿渐见于今日。4. 现代汉字学的内容主要有：字量的研究、字序的研究、字形的研究、字音的研究、字义的研究和汉字教学法的研究等。5. 现代汉字学研究的问题和研究方法跟历史汉字学很不相同。它是以语言学为基础而结合信息论、统计学、心理学的边缘科学。这决不是抛弃或背叛历史汉字学。在汉字学的领域里应当厚今而不薄古、厚古而不薄今。周先生这篇文章的发表，标志着现代汉字学这门学科脱颖而出。

（四）高家莺、范可育两位先生发表了《建立现代汉字学刍议》

《上海师范大学学报》1985年第4期发表了高家莺、范可育两位先生合写的《建立现代汉字学刍议》。这篇文章发挥了周有光先生在《现代汉字学发凡》里提出的看法，使现代汉字学这门学科的教学和研究变得更具体、更便于操作。文章包括五个部分：1. 建立现代汉字学的必要性。文章认为：研究现代汉字学是提高汉字日用效率和技术应用效率的迫切需要，也是国际文化科学交流和研究的需要，也是汉字学科自身发展的需要。2. 建立现代汉字学的基础。文章指出：20世纪以来，特别是解放以来，现代汉字的研究取得了不小的成果。这些研究成果为现代汉字学的建立打下了一定的基础。3. 现代汉字学的内容。文章提出：从微观和宏观这两方面考虑，现代汉字学的内容大约可以包括以下几个方面：（1）研究现代汉字的性质、特点和范围。（2）研究现代汉字在形、音、义和量、序诸方面的特点。（3）研究现代汉字在学习、阅读、书写、传输诸方面的情况。（4）研究现代汉字的简化、标准化、拼音化等问题。（5）研究现代汉字的教学。（6）研究现代汉字的信息处理。4. 现代汉字学的研究方法。文章认为，现代汉字的研究可以综合采用下列几种方法：（1）静态研究。（2）动态研究。（3）比较研究。（4）统计研究。5. 大力促进现代汉字学的建立。文章建议，为促进现代汉字学的建立，应当加紧做好以下几个方面的工作：（1）加强理论研究。（2）进行资料建设。（3）建立一支多学科人员结合的研究队伍。（4）开辟学术交流阵地和教学阵地。

（五）二十多年来，现代汉字学已经建立了初步的基础

1984 年高家莺在上海师范大学、范可育在华东师范大学首先开设了现代汉字学课程，随后北京大学、北京师范大学、中国人民大学、广西大学、河北师范大学等学校也开设了这门课程。由北京师范大学主持的北京市高等教育自学考试里的中文专业，多年前就开考现代汉字学。2001 年中央广播电视大学和北京大学中文系联合举办中文专业专升本学历教育，开设现代汉字学这门课程，每届学员有一万人。通过广播电视，现代汉字学在全国得到了较快的传播。不久前我得知开设了这门课程的还有天津师范大学、韩山师范学院（在潮州）、扬州大学、牡丹江师范学院等高等院校。有的学校培养的汉语言文字学方向的硕士研究生的毕业论文，写的是现代汉字学方面的题目。例如，北京大学陈尚荣的论文题目是《现代汉字的字形分析》、杨春的论文题目是《现代汉语异形词的规范问题》，中国人民大学姚敏的论文题目是《现代汉字理据研究与应用》。

我读到的现代汉字学教材和研究性的著作有 12 种，见本文的附件二。最早出版的应该是孙钧锡写的《汉字和汉字规范化》（教育科学出版社 1990 年版）。这本书的书名上没有标明是“现代汉字”，而书内每章的标题都标明

了“现代汉字”，论述的内容也是“现代汉字”。在这12种著作里面，高家莺、范可育、费锦昌合著的《现代汉字学》和苏培成编著的《现代汉字学纲要》，社会影响较大。苏培成著的《二十世纪的现代汉字研究》是一部有关现代汉字研究历史的专著。

高等学校中文专业用的《现代汉语》教材里的文字部分以前主要讲六书和汉字形体的演变，现在有的改为现代汉字，有的增加了现代汉字的内容。前者如张志公先生主编的《现代汉语（试用本）》（人民教育出版社1982年版）、北京大学中文系现代汉语教研室编写的《现代汉语》（商务印书馆1993年版），后者如胡裕树先生主编的《现代汉语》（增订本，上海教育出版社1987年版）。

还值得注意的是近些年出版的有些汉字学和汉字学史的著作，增加了现代汉字学的内容。较早的有孙钧锡著《中国汉字学史》（学苑出版社1991年版）的第四章是“科学文字学时期”，包括四个部分，就是：传统文字学研究、古文字学研究、现代汉字学研究和汉字改革研究。其中的现代汉字学研究这部分非常详细，占了70多个页码。最近出版的汉字学的通论性的著作如吕浩著《汉字学十讲》（学林出版社2006年版），其中就包括古文字、今文字、现代汉字等几个方面。

从《现代汉字学发凡》的发表到现在已经过了26年。在这短短的26年中，现代汉字学有了可观的发展，逐渐被学界和社会所认识、所接受，建立了初步的基础，特别是在汉字规范和汉字信息处理方面发挥了作用。

二、现代汉字学的性质和现代汉字研究

（一）现代汉字学属于新语文时期的新兴学科

周有光先生说：“从历史来看，汉语和汉字的研究可以分为三个时期。

(1) 传统语文学时期：主要内容是训诂学、音韵学、小学等。(2) 现代语言学时期：主要内容是现代汉语的语音学、语法学、方言学等。(3) 新语文时期：主要内容是中国语文现代化（普通话、白话文、简化字、拼音字母的理论和应用）；汉语和汉字的电脑处理（中外文自动翻译、中文信息处理等）。”周先生又说：“今天，在传统研究课题之外，开辟了许多新的研究课题”，其中之一就是“现代汉字学和现代汉字的整理”。②

现代汉字学是汉字学的分支学科，它和传统汉字学既有联系又有区别。语言文字有强烈的继承性，汉字研究也有强烈的继承性。汉字研究应当厚今而不薄古、厚古而不薄今。现代汉字研究决不是抛弃传统汉字学，从事现代汉字研究的人要有深厚的传统汉字学的基础，要从传统汉字学里吸收一切对我们有用的东西。不知古也难于做到知今，离开了传统汉字学将寸步难行。传统汉字学和现代汉字学两者又有重要的区别。第一，以《说文》为中心的传统汉字学，很少研究汉字的性质，而现代汉字学必须研究汉字的性质。汉字的性质问题不解决，汉字研究很难取得大的进展。第二，传统汉字学主要研究古典文献里的汉字，探索汉字的演变规律，帮助我们正确地解读古典文献，它不存在如何建立规范和如何进行改革的问题。现代汉字学主要研究现代社会里的汉字应用问题，包括汉字的机械处理和信息处理，核心是研究汉字规范和汉字改革。第三，古籍里的汉字是不再发展变化的，而现代汉字仍要继续发展变化。美国《新闻周刊》2006 年 9 月 25 日发表了《事关形象的紧急关头》，文章说：“世界知道中国很古老，这个信息并没有帮助任何人增进对这个国家的了解。”“在大多数时间内，中国在与世界对话的时候总是一再重复它的过去，而不是谈它充满希望的现在。”现代汉字学有充满希望的现在，更有充满希望的未来。

(二) 现代汉字学肩负的重任

现代汉字学既以研究现代汉字的应用问题为目标，同时又肩负着推动现代汉字向前发展的重任。我们要把中国建设成为富强、民主、文明、和谐的社会主义现代化的国家，要进行现代化和信息化的建设，要发展教育，要发展科技，这一切都离不开汉语汉字这个重要的交际工具。现代汉语要不断地得到规范、丰富和发展，现代汉字要成为规范的、记录语言准确而且易学易用的高效率的文字。从社会需要说，现代汉字学要解决人际界面和人机界面中的汉字问题，还要解决汉语国际传播中的汉字问题，要为国家制订科学的文字政策提供理论支持。这个任务十分重大，也十分艰巨。

当前，现代汉字学需要研究的问题很多。例如，人们常说汉字有四难，就是笔画繁、字数多、读音乱、检索难。正是这“四难”使得汉字难学难用、效率低下。为了变“四难”为“四易”，新中国建立后进行了大规模的汉字简化和整理，使“四难”有所缓解，但是并没有完全解决。要进一步解决“四难”，就离不开现代汉字学的研究。现代汉字学任重而道远，可是作为一门建立不久的新学科，人手少、底子薄、成果还不多。要完成它肩负的重大使命，必须有国家和社会的大力支持，必须有自己的研究基地，还必须有一大批学术精英做长期的、坚持不懈的努力。

（三）现代汉字学要坚持语文改革的方向

现代汉字学在一定意义上可以说，是语文改革的产物。它要想得到进一步的发展，必须坚持语文改革的方向，也就是现代汉字发展的方向。要引导现代汉字向前走，不要向后退，倒退是没有前途的。语文工作和语文研究千头万绪，概括来说主要有两个方面，就是语文改革和语文规范。语文改革是改变不适应实际需要的语文生活、为语文生活的前进开拓道路；语文规范是把语文改革的成果固定下来加以推广。只有语文改革而没有语文规范，一日三变、朝令夕改，这样的语文无法应用；只有规范而没有语文改革，那些不适应需要的语文状况就无法改变，社会语文生活就无法前进。改革是动态的，规范是静态的，两者都不可缺少。在“文革”前语文改革和语文规范都受到重视，协调发展，成绩显著。而自上个世纪九十年代以来，汉字规范受到极大的重视，而汉字改革却受到了不应有的忽视；再加上语文领域复古思潮泛滥，未能及时得到克服，语文改革停步不前，汉字的“四难”未减反增。不讲改革、只讲规范，就会把那些不适应需要的东西固定下来，就会阻碍社会语文生活的前进。现代汉字研究要坚持语文改革的正确方向，这是现代汉字学的灵魂。

（四）现代汉字研究中的几个比较重要的问题

第一，汉字的性质。文字是记录语言的符号，这是一切文字的共同的性质。某种具体文字的性质，例如汉字的性质，指的是这种文字区别于其他文字的个性，要把汉字和其他文字加以比较才能够认识清楚。研究某种具体文字的性质，有两条基本途径：一条是看这种文字的基本单位记录的是什么样的语言单位；另一条是看这种文字的基本单位是用什么办法来记录那个语言单位。有关文字性质的研究，学者们发表了许多意见，聚讼纷纭，不过这些意见都可以归纳到上面讲到的两条基本途径。除此之外，没有其他的路可走。从第一条途径说，汉字的基本单位是一个个汉字，记录的是汉语的语素，所以汉字是语素文字。从第二条途径说，文字的基本单位记录语言单位的方法有三类，就是表形、表意和表音。此外还有混合的类，常见的有表形兼表意、表意兼表音等。这也就是我们通常说的表达法。表达法和文字基本单位的内部结构密切相关。文字基本单位的构成成分是字符，表达法要通过字符发挥作用：表形的字符是形符，表意的字符是意符，表音的字符是音符。有的字符既不表形、也不表意表音，只起区别作用，这样的字符是区别符，也叫记号。现代汉字主要用表意和表音的方法，所以是意音文字，它所用的字符是意符、音符和记号。

这两条途径既有区别又有联系。拿英文来说，现代英语有44个音位，用26个拉丁字母来记录，所以英文是音位文字。英文字母的数量有限，使用的主要是音符，用的表达法是表音，所以英文是表音文字。汉字的情况比较复杂。现代汉语的语素大约有5000个[③]。如果按照汉字和汉语语素一一对应来计算，记录这5000个语素就要有5000个汉字，字数少了是不够的。要造出5000个不同字形的单字，而且这些单字的字形和它所记录的语素还要有一定的联系，单一的表达法是不敷应用的，就采用了表意兼表音的方法，所以汉字是由意符、音符和记号构成的意音文字。朱德熙先生说："从汉字跟汉语的关系看，汉字是一种语素文字。从汉字本身的构造看，汉字是由表意、表音的偏旁（形旁、声旁）和既不表意也不表音的记号组成的文字体系。"[④]上面说的研究文字性质的两条基本途径，适用于各种文字，因此可以在这个基础上对不同的文字进行比较，探讨世界文字发展演变的规律。例如从表达法说，有的学者提出了表形——表意——表音的规律。

对汉字的性质，学者们提出了许多不同的看法，开展了热烈的讨论。我的看法见我写的《二十世纪的现代汉字研究》（书海出版社2001年版）的第一章"汉字的性质"。

第二，什么是"现代汉字"？从已经发表的论著看，主要有两种观点。一种是从汉字形体演变的角度，一种是从汉字记录的语言的角度。费锦昌先生持前一种主张，他把三千多年来的汉字分成三个阶段，他说："秦代小篆和小篆以前的汉字为古代汉字，秦汉隶楷直到'五四'以前的汉字为近代汉字，'五四'以后的汉字为现代汉字。"[⑤]依据这个标准确立的现代汉字，最适合研究汉字形体的演变，而研究汉字形体的演变是传统汉字学的内容。周有光先生是从记录语言的角度来认定现代汉字的。周先生说："历史需要断代，汉语需要断代，汉字也需要断代。古今通用的和现代通用的汉字归入现代汉字，文言古语用而规范化的普通话不用的汉字归入文言古语专用字，这就是汉字断代。""现代汉字应当以什么时候作为'现代'的起点呢？'五四'（1919）是白话文成为正式文体的开始，应当以'五四'作为现代的

'起点'。"[6]根据上述两种不同观点划分出来的现代汉字范围并不相同：前者范围宽，既包括现代汉语用字，又包括古代汉语用字；后者范围窄，只包括现代汉语用字，不包括古代汉语用字。作为现代汉字学研究对象的现代汉字应当采用周先生的意见。现代汉字是记录现代汉语用的字，也就是现代白话文用字。和现代汉字相对的是文言文用字，周先生叫文言古语用字。

第三，汉字的简化和繁简字的使用。新中国建立时，汉字存在着十分严重的"繁"与"乱"的问题。新中国建立后，我们进行了大规模的汉字简化和整理，使汉字的"繁"与"乱"的问题在相当程度上得到了缓解。事实证明，汉字的简化和整理是成功的。

改革开放以来，汉字的简化不断受到责难。《汉字文化》杂志认为汉字简化是"恶性简化"，至今"流毒仍在"，认为简化字不如繁体字。这不是经过学术研究而得出的科学认识，而是保守的文化观和落后的汉字观在起作用。我们对汉字简化，坚持两条基本的看法：第一条是汉字自古至今演变的总趋势是由繁到简，汉字简化符合这个总趋势。第二条是要区分汉字的艺术性和技术性。对简化字的评价，首先要着眼于它的技术性，而不是着眼于它的艺术性。我们这样说并不是忽视汉字的艺术性。文字首先是交际工具，要易学易用。简化字在一定程度上降低了汉字学习和使用的难度，有助于提高汉字的使用效率。

有人说：汉字的简化是共产党做的错事。周有光先生说："四十年来，大陆做了一些错事，但是简化汉字的方针不错。"[7]新中国推行简化字已经有50年，经过了两三代人。在使用简化字的50年间，汉字的应用没有出现混乱，古代文化遗产的继承也没有中断，我们不能不看到这个事实。改革开放以来，随着中国国力的增强，简化字的影响日益增大，汉语拼音、普通话和简化字，成为新中国语文生活的三大特点，也是三大优点。

关于繁简字的应用，现行的汉字政策是以简代繁，不是繁简并用。《国家通用语言文字法》规定，国家推行包括简化字在内的规范汉字，繁体字只在文物古迹、书法篆刻等几个特定的领域内使用。占90%以上的民众不必学习繁体字，只掌握简化字就可以满足应用了。《国家通用语言文字法》的这个规定是科学的合理的。有的人竭力提倡繁体字，认为中小学生不学习繁体字就割断了传统文化，就造成语文水平低下。他们利用传统文化热，夸大繁体字在社会生活里的作用，把少数专业人员的需求变为广大民众的需求。一个人的语文水平和文学修养的高低，与用简或者用繁没有必然的联系。繁体字不能使内容苍白的作品变为内容充实，简化字排印的鲁迅著作依旧是不朽的著作。1989年有人提出“识繁写简”，就是“把繁体正字作为印刷体，把简化字作为手写体”，这是让中国内地的语文生活后退到解放前去。2006年又有人提出“用简识繁”，建议“在编写的中小学语文教材中，遇到简体与繁体发生歧义时，简化字旁用括弧注出该繁体字”，“小学六年，中学六年，经过十二年的熏陶，只需耳濡目染，不知不觉中认识了不少繁体字”。这是要扩大繁体字的流通范围，把“以简代繁”改为“繁简并用”。繁体字只要一进入中小学教材，将使繁简混用合法化，极大地冲击现行的汉字政策，给社会用字造成严重的混乱。这种主张不符合《国家通用语言文字法》的规定，而且是十分有害的。

第四，现代汉字的字形分析。现代汉字学是属于共时层面的学科，它对汉字字形的分析只从汉字的现状着眼，一般不涉及汉字的历史。汉字研究和汉字教学要对汉字的字形进行分析。传统的六书方法主要适用于小篆，对于甲骨、金文也不完全适用，现代汉字更不能照搬。要建立现代汉字字形分析的体系，可以有两条途径，这两条途径都有实际的需要：一条是不联系音义的纯字形分析，把汉字字形拆分为“整字——部件——笔画”三个层次；另一条是联系音义的字形分析，把组成汉字的字符分解为意符、音符和记号，由此得出现代汉字的六种构字类型，就是：会意字、形声字、半意符半记号字、半音符半记号字、独体记号字、合体记号字。后一条途径是对传统六书的发展，可以叫做“新六书”。我们可以试着用“新六书”来教汉字、编字典，在实践中检验它、改进它。

第五，现代汉字的教学。汉字教学是语文教学的重点，也是语文教学的难点。张志公先生说：“是重点，因为学好汉字是学习语文的基础。是难点，因为汉字不是字母文字而是一种独特的文字体系。”“为了对付这个重点和难点，教育工作者设计了许多行之有效的办法，取得了不少可贵的经验，主要表现在识字教材方面。”[⑧]

传统识字教学是怎么解决这个问题的呢？“汉语的语素以单音节为主，写出来是一个汉字；在古代汉语里，单音节词占的比例很大。古人利用这个特点，采取几个字一句的整齐押韵的办法编写儿童识字教材，便于朗读记诵。从西汉史游编的《急就篇》，到南朝梁武帝时周兴嗣编的《千字文》，宋初人编的《百家姓》，相传为王应麟编的《三字经》，到元明以后的各种识字教材，都采用这个办法。”[⑧]如《急就篇》的开头是“急就奇觚与众异，罗列诸物名姓字，分别部居不杂厕，用日约少诚快意，勉力务之必有喜”。“儿童入学后，用一年左右的时间集中认识两千多字。”“只要求学生会认、会读、能背诵。至于每个字怎样讲，要求很低，怎样用可以说完全不要求。”这是因为“如果要求认一个就掌握一个，做到会认、会读、会讲、会用、会写，那样进度就会很慢。可是不认识相当数量的字，无法读书。”[⑨]值得注意的是古人并不是首先突出字理识字，这和现在有些学人的看法不完全一致。字理识字重视理性知识的灌输，对小孩子未必是最有效的方法。新中国建立后重视识字教育，尤其是扫盲教育，创造了多种识字教学的方法，例如集中识字、分散识字、注音识字、韵语识字等。这些方法各有短长，可以根据教学的实际需要选择使用，常常是以一种方法为主，多种方法结合。

下面说一说字理识字。字理识字有利也有弊，利的方面是突出了造字理据。汉字是有理据的文字，通过字理学习汉字，无疑是有效的办法。但是它也有弊。一是因为汉字在发展过程中，不时产生讹变，许多字从它的现代字形已经看不出造字的理据。例如“奔”字，金文有一种写法是“夭”下加三个“止”。“夭”表示疾行时双臂前后摆动的样子，三个“止”像足迹，疾走故足迹多。这样的字形是有字理的。金文还有另一种写法，是三个“止”已经变为三个“屮”，成为“卉”。这样的字形，字理已经发生改变，于是大徐分析为“从夭，贲省声”，小徐分析为“卉声”。到了隶楷，又变为从大从卉，字理就很难说清。为了说明这类字的字理，教学时就不得不搬出古代的字形。先是拿出小篆，如果还说不清字理，就只好再向上，拿出甲骨文和金文。这样就越来越复杂，常常使学员堕入五里雾中。二是有些字的字理虽然可以说清，但是不适合学员的接受水平，尤其是对小孩子。应该承认，汉字的字理是十分复杂的。王筠的《文字蒙求》是字理识字的教材，各位不妨把《文字蒙求》拿来试一试，其中的象形字，如果不去追溯字源，有多少可以直接搬到课堂上来呢？有的字的字理明明说不清，有人要强作解说，要生造字理，这就是所谓俗汉字学。例如有人把“春”解释为“春天到了，温暖的阳光（日）普照大地，人们三人一伙地（𡗗）结伴而行，踏青赏花”，把“辛”解释为“‘立’在田中除草（十）真辛苦”。这样的识字教学有害无利，不应该支持。

第六，关于双文制。在当代中国，汉字是记录汉语的唯一法定文字；汉字的地位十分巩固，不存在废除汉字的问题。汉字和世间的其他事物一样也具有两面性，就是既有优点也有缺点，用周有光先生的说法就是既是宝贝又是包袱。从缺点方面说，应该承认汉字确有不便使用或不能使用的地方。例如给生字注音，直音和反切都是用汉字给汉字注音，使用十分不便，而用汉语拼音给汉字注音简便易行。给汉字编制索引，如各种形序法比较复杂，而汉语拼音索引易学易用。用形码把汉字输入电脑，规则复杂，要专门学习，而汉语拼音输入不需要专门学习，很容易掌握，等等。在这些汉字不便使用或不能使用的地方，最方便的办法就是使用汉语拼音。《国家通用语言文字法》第十八条规定："《汉语拼音方案》是中国人名、地名和中文文献罗马字母拼写法的统一规范，并用于汉字不便或不能使用的领域。"汉语拼音不是正式的文字，但是在汉字不便或不能使用的领域可以起到代替文字的作用。我们把这样的文字应用叫做"双文制"。因为汉语拼音不是文字，只是辅助汉字的工具。为了避免造成误解，我们可以把汉字和拼音的并用叫做"准双文制"。《国家通用语言文字法》肯定了"准双文制"，我们依法办事，可以放手推行这种"准双文制"。有人认为，双文制的提倡包藏祸心，是为将来实行拼音化暗度陈仓。我们认为，双文制和拼音化是两种不同的文字制度，双文制是要解决现实的文字需要，和实现拼音化没有必然的联系。

第七，海峡两岸实现书同文。大陆和台湾同属一个中国，但是五十多年的分离，使两岸的语文生活存在差异，语文的应用处于不同的发展阶段。突出的差别是，大陆用简化字和汉语拼音，台湾用繁体字和注音字母。中华民族有强大的凝聚力，我们坚信海峡两岸一定会实现统一，也一定会实现书同文。为了实现书同文，政府主管部门应该制订有关预案，现代汉字学要主动研究这个问题，提出可行的建议。有人认为，为了给将来的书同文预留空间，我们的语文改革可以适可而止，简化字可以部分后退。我们认为这种主张是不合适的，因为未来如何实现书同文变数很多，难以预料。大陆进行的语文改革是从大陆的实际出发、为的是解决实际存在的语文问题。两岸的语文应用可以一致的当然最好一致，不能一致的目前也不宜强求一致。从总体看，大陆的语文生活是走在台湾的前面的，这是应该承认的事实。就以改竖排为横排这件事情来说，早在五四时期就提出了这个问题，1956 年元旦大陆出版的全国性的报纸全部改为横排，一直坚持到现在，而台湾直到最近才决定采用横排。如果有人认为大陆的语文生活赶不上台湾的先进，这种看法不符合事实。

第八，汉字改革是屡战屡败吗？有人说："汉字改革屡战屡败"，"汉字改革的尝试都以失败告终"。我们认为这种论断是不妥当的。近百年的文字改革也就是我们现在说的语文现代化，实际包括当前的改革和根本的改革两部分。新中国推行的当前文字改革的三项任务，是简化汉字、推广普通话、制订并且推行汉语拼音方案。这三项任务是成功的，不能说是"以失败告终"，也不是屡战屡败。至于汉字的拼音化，也就是汉字的根本改革，毛泽东主席讲过："文字必须改革，要走世界文字共同的拼音方向。"他还讲过："汉字的拼音化需要做许多准备工作；在实行拼音化以前，必须简化汉字，以利目前的应用，同时积极进行各项准备。"但是汉字的拼音化并没有开始推行，至多不过是做了点前期准备。一项还没有推行的改革，怎么说是"以失败告终"，又怎么能说是"屡战屡败"呢？汉语拼音化是个十分复杂的问题，不论是赞成还是反对，目前都还不到下结论的时候。从学术层面应该积极开展研究讨论，并且使研究逐步深入，最终能取得满意的结果。

我上面谈的看法不一定合适，敬请指正。

［附　注］

①姜建邦《识字心理》第113页，正中书局1948年版。

②周有光《利用汉语的内在规律，改进中文的输入技术》，《计算机时代的汉语和汉字研究》第389页，清华大学出版社1996年版。

③尹斌庸在《汉语语素的定量研究》一文中指出："现代汉语共有单音节语素4871个"。见《中国语文》1984年第5期第340页。

④朱德熙《汉语》，《中国大百科全书·语言文字》第130页，中国大百科全书出版社1988年版。

⑤费锦昌《汉字研究中的两个术语》，《语文建设》1989年第5期第24页。

⑥周有光《现代汉语用字的定量问题》，《周有光语文论集》第四卷第263页，上海文化出版

社 2002 年版。

⑦周有光《中国语文纵横谈》,《周有光语文论集》第二卷第 130 页，上海文化出版社 2002 年版。

⑧张志公《汉语教学》,《中国大百科全书·语言文字》第 153 页，中国大百科全书出版社 1988 年版。

⑨张志公《我和传统语文教育研究》,《张志公自选集》（上）第 144 页、第 145 页，北京大学出版社 1998 年版。

附件一：1980 年以前汉语语言学文献里使用“现代汉字”这个术语的资料

1. 我现在所要说的只是从普通识字教育观点，把目前所通行的汉字，就他们的现代形式，实事求是地加以大体上的分析，以便了解它们对今后改革汉字的关系。现代汉字可以依照字形的结构分为下列的三类：（下略）（丁西林《现代汉字及其改革的途径》（上）,《中国语文》1952 年 8 月号第 7 页）

2. 现代汉字“一字多体”的统计和划一的“正体字”的认定（印刷体为主要）。（黎锦熙《学习苏联“现代俄语教学大纲”试拟的“现代俄语”教学大纲》，作于 1952 年。《中国文字与语言》（中）第 68 页，五十年代出版社 1953 年版）

3. 包罗万有极端混乱的现代汉字排写方式（这是论文的标题，作者是陈越，刊发在《中国语文》1954 年第 1 期第 17 页）

4. 汉族从有历史的时期起，就用汉字作为记录语言的工具（虽然古代汉字和现代汉字已经有很大的不同）。（吴玉章《文字必须在一定条件下加以改革》，作于 1955 年。《文字改革文集》第 98 页，中国人民大学出版社 1978 年版）

5. 从甲骨文到现代汉字，文字的组织原则是相同的，也就是说，我们的文字在有记录的三千多年中间始终是意音制度的文字。（周有光《文字演进的一般规律》,《中国语文》1957 年第 7 期第 2 页）

6. 现代汉字是记录现代汉语的工具。（王尔康《试论现代汉字的结构及其简化规律》，《厦门大学学报》1961 年第 2 期第 74 页）

从现代汉字记录现代汉语情况来看，记录个别的完整的词或者词素者居多，从现代汉字的形体结构来看，没表音的独体型字是基础，有标音成分的字占 90% 以上，而其标音成分基本上也是以独体型字为基础的。（同上第 75 页）

7. 因此，研究现代汉字（楷书）的组织，不能全部袭用《说文》的“独体”，而另有组织单位——字根。（杜定友《字根研究》，《文字改革》1961 年第 2 期第 33 页）

8. ［现代汉字综述］“汉字”的一定含义是在我国多民族大家庭中作为跟其他文字区别的标志。同时又是一种有国际性的语文工具，为东亚几个国家所应用。这完全适用于现代汉字。现代汉字所具的基本形式：点（捺）、横、直、撇、弯。通常也叫“笔画（划）”。按照书法来写字，就是把笔画作为基本笔形组成字体。现代汉字的特点就是有基本笔形组成字体的一定规律。这个规律叫“笔顺”。（魏建功《文字 · 音韵 · 训诂》，大约作于 1964 年。《魏建功文集》第三卷第 474 页，江苏教育出版社 2001 年版）

9. 到底精简多少字才适当，必须划清现代汉字和古代汉字的界限（即为死词素的专用字送葬）、强化汉字的表音表意功能（即对专名词素的专用字、单用词素的专用字、多音节词素的专用字、类属词素的专用字大加精简）、同一个词素不用两个字表示（即对同音同义字大加精简，废除异体字），一句话，就是使汉字“通用词素化”，从而把汉字保存到适当范围内。（叶楚强《精简汉字字数的根据和方法》，《光明日报》1965 年 5 月 12 日）

10. 现代汉字的读音是复杂的，但是，根据我们的统计，也还有不少字的读音是有一定规律可循的。（叶楚强《现代通用汉字读音的分析统计》，《中国语文》1965 年第 3 期第 201 页）

11. 我很同意吴建一同志这篇《偏旁所处部位及其名称》中的建议，尤其赞成按偏旁（部件）所处地位来定名称，这比过去“弓长张”“木子李”“日月明”“双口吕”等析字方法要精密（“弓长张”“木子李”等是不表明部位的），比分析笔画要实用，比单教部首要完整，而且这是根本打破了旧的文字学框框，从现代汉字的实际出发的。（文之初《汉字部件应该规定名称》，《光明日报》1965 年 9 月 1 日）

12.《现代汉字形声字字汇》，倪海曙著，文字改革出版社 1975 年 5 月版

13. 什么是“现代汉字”？这有广狭两义。广义：一本今天流行的通用字典中所收的全部汉字都算是现代汉字。狭义：经过严格审查，书写现代汉语所必须用到的汉字才是现代汉字。（周有光《现代汉字中声旁的表音功能问题》，《中国语文》1978 年第 3 期第 172 页）

14. 应当把方块汉字划分为古汉字和现代汉字。前者指一万个到四万个以上的旧汉字，可以原封不动，但规定只是在大学文科，或考古、历史等专业进行教学和使用。后者可以称作标准现代汉字，字数限制在 3500 字以内就够用了。超出这个范围的冷僻字，就用同音的标准现代汉字来替代。（胡愈之《在部分高等院校文改教材协作会议第二次会议上的发言》，《语文现代化》第二辑第 10 页，知识出版社 1980 年版）

15. 一字多音是汉字学习困难、应用不便的原因之一。这里就现代汉字中“多音字”的性质、现状和整理的可能性，试作探讨。（周有光《现代汉字中的多音字问题》，《中国语文》1979 年第 6 期第 461 页）

附件二：有关现代汉字的部分论著

1. 孙钧锡著《汉字和汉字规范化》，教育科学出版社 1990 年版。

2. 张静贤著《现代汉字教程》，现代出版社 1992 年版。

3. 高家莺、范可育、费锦昌合著《现代汉字学》，高等教育出版社 1993 年版。

4. 苏培成著《现代汉字学纲要》，北京大学出版社 1994 年版，2001 年出版增订本。

5. 苏培成选编《现代汉字学参考资料》，北京大学出版社 2001 年版。

6. 尹斌庸和 John S. Rohsenow（罗圣豪）合著《现代汉字》（英文本），华语教学出版社 1994 年版。

7. 李禄兴著《现代汉字学要略》，文津出版社 1998 年版。

8. 杨润陆著《现代汉字学通论》，长城出版社 2000 年版。

9. 苏培成著《一门新学科：现代汉字学》（语文小丛书），语文出版社 2000 年版。

10. 苏培成著《二十世纪的现代汉字研究》，书海出版社 2001 年版。

11. 潘钧著《现代汉字问题研究》，云南大学出版社 2004 年版。

12. 马显彬著《现代汉语用字分析》，岳麓书社 2005 年版。

（《语言文字应用》2007 年第 2 期）

再论《规范汉字表》的研制

《国家通用语言文字法》第三条规定："国家推广普通话，推行规范汉字。"为了方便推行规范汉字，国家语委语用所于 2001 年 4 月组建课题组开始研制《规范汉字表》。课题组在 2002 年第 2 期的《语言文字应用》杂志发表了《研制〈规范汉字表〉的设想》（下文简称《设想》）。为了对《设想》做出回应，我写了《〈规范汉字表〉的研制》（下文简称《研制》），发表在 2004 年第 2 期的《语言文字应用》上。经过课题组 4 年多的努力，《规范汉字表》的研制取得了很大的进展，现在即将进入结项阶段。2005 年 11 月 23 日我参加了教育部语言文字信息管理司召开的《规范汉字表》研制高层专家咨询会，读到了课题组提供的《〈规范汉字表〉研制专家咨询提纲》（下文简称《提纲》）和《规范汉字表（稿）》等资料。和《设想》相比有些看法《提纲》已经做了改变。例如关于字量，《设想》提出的是 45000 字到 50000

字之间，而《提纲》调整为11340字。课题组在《提纲》里提出了研制中尚待解决的问题，征求意见。下面我就这些问题谈一点看法，敬请指正。

一、《规范汉字表》的分级和定字

我在《研制》里说："规范汉字有两个特点，第一是现在使用的字，第二是合乎规范的字。"所谓"现在使用的字"就是现代汉语用字，也就是现代白话文用字，通常我们叫现代汉字。周有光先生说："古今通用的和现代通用的汉字归入现代汉字，文言古语用而规范化的普通话不用的汉字归入文言古语专用字，这就是汉字断代。"①现代白话文用字就是我们每天阅读的现代书报、文件、信函等用的字，其中包括从文言和现代方言吸收进来的字，但是它不包括文言古语专用字。前者是活字，后者是死字；区分活字与死字是研制《规范汉字表》要贯彻的原则。所谓"合乎规范的字"指的是合乎人民政府公布的规范标准的字，也就是经过简化和整理的字，另外还包括自古传承下来的正体字。所有进入《规范汉字表》的字不论在哪一级，都要具备这两个特点。只有对什么是规范汉字取得共识，《规范汉字表》的研制才能顺利进行并取得成果。

课题组在《提纲》里从使用度出发把《规范汉字表》分为三级：一级字表收常用字3500字；二级字表收通用字里的非常用字3000字，它与一级字表里的3500字合起来叫通用字；三级字表收专用字4840字。"三级字表定义为专用字表，是在人名用字、地名用字、古籍印刷常用字、科技普及用字四个方面，对通用字所作的补充。"这样的分级比较稳妥，但是也还有需要改进的地方。下面谈四点看法：

第一，三级字表的性质。"通用字"有两个含义：从使用度出发分出来的通用字，与罕用字相对；从字义所属的类别出发分出来的通用字，与专用字相对。《规范汉字表》使用的通用字，取的是前一个意义，和它相对的只能是罕用字，而不是专用字。例如姓氏用字可以构成一个专用字集，可是在《规范汉字表（稿）》并不是都集中在三级字表里，而是按照使用度分别归入一级、二级和三级字表。一级字表里有“贾、冯、姚、蒋、潘、袁”等，二级字表里有“聂、翟、阮、佟、靳、裴、娄”等，而三级字表中姓氏专用字反而较少，只有“嫪、仉、禤”等几个。由此可见，把三级字表定为专用字表并不准确，应该改为罕用字表。三级字表收人名用字、地名用字、科普用字等里面的罕用字。

第二，《规范汉字表（稿）》里的文言古语专用字。在《规范汉字表（稿）》的一级字表和二级字表里虽然也有个别的文言古语专用字，但是绝大部分是现代汉字，而三级字表就超出了这个范围，收了不少文言古语专用字。例如人部收157字，木部收256字，其中除了少数几个是现代汉字外，多数是文言古语专用字，例如“仈伈伝任伀伶伅伷伾佖佁佂伻佋伭”、“朸杋杊杌朾杕杅杙杝杚杩杬杮杻杫”等。《提纲》里说三级字表要收“古籍印刷常用字”，而“古籍印刷常用字”这个概念比较模糊。因为古籍印刷常用字既有古今通用的字，也有文言古语专用字。例如《论语·学而》里的“学而时习之，不亦乐乎”这9个字都是古今通用的字，已经收在一级字表内，没有必要调到三级字表；而《论语·微子》“耰而不辍”的“耰”，《论语·乡党》“君在，踧踖如也”的“踧踖”，都是文言古语专用字，不应该收入《规范汉字表》，而目前都在三级字表内。有的字介乎古今通用的字和文言古语专用字之间，一时不易分清，可以从宽收入三级字表，但是字数不宜太多。《规范汉字表（稿）》的三级字表去掉了文言古语专用字，字数可能要减少。

三级字表收了很多文言古语专用字，这与研制时使用的语料密切相关。《提纲》在介绍三级字表的收字时说：“以《四库全书》、《四部丛刊》覆盖率分别达到99.9%为上限，取并集，得到13956字，去除前两级字及其繁体、异体字，剩余6997字。对6997字进行繁体字认同、异体字整理，去除非字部件和旧字形，排除无使用价值的字，得到3440字，收入三级字中。”我们认为这样的做法不甚妥当。《四库全书》、《四部丛刊》里面用的字有许多是文言古语专用字，不宜作为研制《规范汉字表》的语料。由于研制三级字表所用的语料中掺杂了不少文言古语专用字，使字频统计失真，出现伪频。例如在现代白话文中“弗”字只用于“自愧弗如”“自叹弗如”等几个词语，“矣”字只用于“难矣哉”“悔之晚矣”等几个词语，而在《规范汉字表（稿）》里这两个字居然都成为一级字。

第三，《规范汉字表（稿）》的二级字表收通用字6500字，比1988年3月发布的《现代汉语通用字表》减少了500字。《规范汉字表（稿）》的收字量是合适的，因为现代汉语通用字本来没有那么多。不是《规范汉字表（稿）》少收了500字，而是《现代汉语通用字表》多收了500字。

第四，《规范汉字表》里不收不规范字。我们看到的《规范汉字表（稿）》里收了个别不规范字。例如“闫”是“阎”的俗字，“垅”是“垄”的异体字，“浬”已经被“海里”所取代，这样的字都不是规范字，应该去掉。《规范汉字表》收字与电脑字库收字的原则不同，电脑字库要收一些不规范字，因为用户有时要用，而《规范汉字表》不能收不规范字。

二、类推简化的范围

《简化字总表》采用了个体简化和类推简化两种简化方法。这是因为只用个体简化，得到的简化字数量较少，不敷应用，所以同时要用类推简化。汉字中有许多字具有相同的偏旁，对这样的字进行类推简化，可以以简驭繁，得到较多的简化字。类推简化符合汉字结构的规律，便于群众掌握，因而受到群众的欢迎。使用类推简化有个范围问题。如果所有符合类推简化条件的字都简化，这叫无限类推简化；如果只限定某个范围内符合类推简化条件的字简化，这叫有限类推简化。《〈简化字总表〉说明》规定："未收入第三表的字，凡用第二表的简化字或简化偏旁作为偏旁的，一般应该同样简化。"采用的是无限类推简化。近年来有的专家对这条规定提出了异议，主张把无限类推简化改为有限类推简化。如果采用有限类推简化，类推的范围要能涵盖所有的活字，但是不包括死字。有人建议把类推简化限定在《规范汉字表》的一二级字的范围内，这样做就会产生两大弊端：第一是使用者无法记忆含有相同偏旁的字，哪个属于一二级字，哪个不属于一二级字；要让每个使用汉字的人遇到这种情况时都去查《规范汉字表》，十分麻烦，很难做到。第二是在同一篇文章或在同一本著作里，用到的含有相同偏旁的字，有的类推简化，有的不类推简化，破坏了汉字的系统性，造成书面语的混乱。因此《规范汉字表》的一、二、三级字都要类推简化。如果《规范汉字表》不能把所有的规范汉字都收入表内，也就是说《规范汉字表》之外还有规范汉字，那么，有限类推简化就是不可取的。此外，如果用简化字来印制文言文，有限类推简化也会遇到上述的两大弊端。

三、一简对多繁

《简化字总表》里的简繁汉字对应，多数是一简对一繁，如"办—辦，迟—遲"；也有少数是一简对多繁，如"获—獲穫，斗—斗鬥"。造成一简对多繁的原因有两个：一个是合并简化，如"獲""穫"合并简化为"获"；一个是同音代替或近音代替简化，如用升斗的"斗"代替争鬥的"鬥"。一简对多繁的简化字，既减少了笔画又减少了字数。这类简化字多数是约定俗成的产物，有群众基础。讨论这类简化字时要重视一个事实，就是它们在现代白话文里使用时不存在问题。例如“斗争、奋斗、搏斗、困兽犹斗”里的“斗”一定是“鬥”（读 dòu），“升斗、北斗、泰斗、车载斗量”里的“斗”一定是“斗”（读 dǒu）。有的词语孤立地看似乎有歧义，如“斗牛”可能是“鬥牛（dòuniú，使牛与牛相斗，或者是人与牛相斗）”，也可能是“斗牛（dǒuniú，星宿名）”，但是放到一定的语境中就消除了歧义。

再看一简对多繁在繁简转换时的情形。在繁体字的印刷品里，我们有时会看到“中文系”误为“中文係”、“西太后”误为“西太後”。有人认为这是由一简对多繁造成的，强烈呼吁借研制《规范汉字表》的机会，把这类简化字全部改为一简对一繁。这种意见有没有道理呢？我们认为从事繁简转换的人要具备的起码条件，就是要懂繁体字。不懂繁体字的人不适合做这件事，就如同只懂中文而不懂英文的人不能从事汉译英一样。繁体字不是基础教育用字，中小学语文教学不教繁体字，一般中学毕业生不认识或只认识极少的繁体字，让这样的人去从事繁简的转换自然会出差错。我们不应该把由于使用者的知识不足而出的毛病，算到简化字的账上。

现代白话文的由繁到简的转换只要合并、不要分化，如“鬥争”“斗膽”分别写为“斗争”“斗胆”就可以了，一般不会出问题。由简到繁的转换要会分化，要能够把同一个简化字分化为两或三个不同的繁体字，如“斗争”要改为“鬥争”，“斗胆”要改为“斗膽”，分不好就出错。文言文不存在由简到繁的转换问题。有谁用简化字写成一篇文言文，然后再转换为繁体字呢？新排的简体字本古籍要用到由繁到简的转换，一般没有问题。例如《孙子·虚实》“敵雖眾可使無鬥”，改为“敌虽众可使无斗”就变成了简化字文本。但是文言文的情况很复杂，在白话文里不会遇到的问题，在文言文中就可能遇到。因此从事转换的人不但要懂繁体字，而且要懂文言文，因为懂繁体字的人不一定懂文言文。把文言文由繁体转换为简体时，如果遇到了问题要单独处理。如北京大学出版社出版的简化字横排本《十三经注疏》就规定："凡特定词组中的某些字，因简化后极易引起误解，该字不简化。"这是解决问题的正确的做法。有人说："由于简化字对汉字的合并，还增加了计算机汉文献检索的难度。例如想检索二十五史中的'后'字的用例，如果采用的是简化字的本子，由于'後'与'后'被合并成一个字，于是就会把用例极多而并非检索目标的'後'的用例夹带其中，大大增加了信息分析的困难。"[②]读了这段文字，我们要问既然二十五史有简繁汉字的两种本子，那位想"检索二十五史中的'后'字的用例"的人，他要的是哪种本字里的用例呢？如果想要的是繁体字文本里的用例，竟然"采用的是简化字的本子"，结果必然是南辕北辙。这怎么能说是简化字造成的问题呢？

有人说，如果把一简对多繁改为一简对一繁，不认识繁体字的人不也可以做繁简转换的工作了吗？这是让多数人迁就少数人，这种主张多数人会同意吗？须知一简对一繁还是一简对多繁，并不是可以随心所欲，想怎么就怎么，而是要遵守约定俗成的原则。"匯""彙"合并为"汇"、"獲""穫"合并为"获"，社会早经约定；"齣"改为"出"、"闆"改为"板"，使用已成习惯，怎么能随意改动呢？就拿"获－獲穫"来说，假定改为"获－獲""穫－穫"，实现了一简对一繁。在简化字文本里，改以前不论是"捕获"还是"收获"，一律写"获"；改以后，捕获的"获"要写"获"，收获的"获"要写"穫"，不是更麻烦了吗？简化字已经用了50年，形成了传统。硬把群众十分熟悉的"面粉、斗争、干部、先后"改为"麵粉、鬥争、幹部、先後"。这样的弃简返繁，怎么向群众解释？一简对多繁里的个别字确有不当时，可以考虑调整；全部改为一简对一繁，说说而已，既无必要也无可能。已故的东北师大王凤阳教授说："文字归根到底是社会的书面交际工具，它是为活人的生产、生活需要服务的。沟通古今、接受遗产只是社会中一部分与历史和历史研究有关的人的需要，这部分人在社会中占极少数。在11亿中国人中，他们不足千分之几。这部分人文化水平都比较高，完全可以为自己的需要而去学习、研究、应用传承的文字，不必将他们的狭隘的需要扩大为社会需要。”[③]这个意见值得重视。

四、对异体字的调整

《第一批异体字整理表》（下文简称《一异表》）是1955年公布的，距今已有50多年，其中存在的问题较多。这次课题组对《一异表》里的异体字做了调整，分为四个去向：（1）一部分异体字作为正字收入《规范汉字表》，如“雳”“昇”。（2）一部分异体字仍作为异体字，收入《常见异体字表》，如“翺”“覇”。（3）一部分异体字因其生僻，既不作为正字出现在《规范汉字表》，也不作为异体字出现在《常见异体字表》，如“察”的异体字“詧”、“启”的异体字“晵”。（4）一部分异体字根据传统的使用习惯，处理为繁体字，其对应的正字处理为简化字，如“棄”和“弃”、“異”和“异”。我认为这样处理比较稳妥，使《一异表》内不同性质的字各得其所，讨论了多年的异体字问题得到了比较圆满的解决。这样的调整不增加新的字形，也不改变字形与音义的联系，推行并不困难。在这之前曾经分两次把26个《一异表》淘汰的异体字恢复为规范字，取得成功。我只补充一点意见，就是不必研制《常见异体字表》，而是把这类异体字附在《规范汉字表》内相关的正字的后面。

五、新旧字形

新旧字形的概念不必争来争去，使并不复杂的问题复杂化。我们现在说的新字形，指的是《印刷通用汉字字形表》里的字形，在《字形表》推行前印刷铅字使用的字形是旧字形。印刷铅字字形的不统一、不合理，给汉字的书写、阅读带来困惑，于是有了1965年的《印刷通用汉字字形表》。直接的目的是统一印刷铅字宋体的字形，由宋体影响到其他字体，如楷体、黑体、仿宋体等，由印刷体影响到手写体，后来又由纸本影响到屏幕的显示。新字形的确定主要根据的是从俗从简，不完全根据构形本义，有群众基础，便于群众接受。新字形比旧字形优越，首先是统一，其次是简明，第三是清晰。50多年来，新字形在中国得到广泛使用。我们现在研制《规范汉字表》只能采用新字形，不能以任何理由倒退，退回到旧字形。新字形也有它的不足，可以借这次研制《规范汉字表》的时机做一些调整。调整哪些？费锦昌、徐莉莉两位先生在《规范汉字印刷宋体字形的标准化》一文里提出了调整的建议：一是改正现行规范字形中的矛盾和疏漏，有10项；二是改变印刷宋体的某些现行字形，有9项。“很多改动均极微小，不会引起印刷宋体字形面目全非的感觉。”[④]他们的建议很有道理，应该受到重视。

繁体字用新字形还是旧字形？我认为应该用新字形，不能繁简两张皮。繁体字用了新字形方便阅读，不影响研究。翻印古书需要使用原字形的可以影印，也可以使用旧字形。

六、《规范汉字表》的形式及对原有字表的处理

《规范汉字表》一、二、三表里面的字都要用规范字形，后面附上相关的繁体和异体，繁体和异体要加以区别。字表要做到定量、定形、定序。要有必要的注释，注释要简明扼要。

《规范汉字表》公布实施后，原有的各种规范字表可以按照三种情况分别处理：（1）停止使用，如《现代汉语常用字表》《现代汉语通用字表》《第一批异体字整理表》。《汉字简化方案》早已被《简化字总表》所取代，不必保留。《简化字总表》已经融入《规范汉字表》，它的第一表和第三表不

必保留，只保留第二表，但是原有的注释有的要保留，移入《规范汉字表》。（2）继续使用。如《普通话异读词审音表》《第一批异形词整理表》。（3）做出调整。由《规范汉字表》课题组统一研制《新旧字形对照表》，代替《印刷通用汉字字形表》。《新旧字形对照表》要有繁式和简式两种版本，繁式供研究人员使用，简式供广大群众查检。《新旧字形对照表》可以作为《规范汉字表》的附录，也可以单独公布。

七、理清思路、量力而行、重在整合、适度调整

我在《研制》中提出，研制《规范汉字表》的方针是理清思路、量力而行、重在整合、适度调整。

“理清思路”是指要正确看待汉字简化和整理的成果。新中国建立之初，我们使用的汉字存在着两大弊端，就是繁与乱。繁指许多字笔画繁复，乱指许多字规范不明，这两大弊端给汉字的学习和使用增加了许多困难。为了解决这个问题，在党和政府的强力推动下，进行了大规模的汉字简化和整理，使汉字在简易化的道路上迈出了坚实的步伐，而汉字的简易化为国家的现代化和信息化提供了有利的文字条件。对上个世纪进行的汉字简化和整理，语文界和社会其他各界的大多数人是肯定的，只有少数人持否定的看法。如有人认为简化汉字“得不偿失”，“简化汉字带来的负面后果是相当严重的”。这种论断得不到事实的支持。正因为汉字的简化和整理是成功的，所以这次研制《规范汉字表》不是否定汉字简化和整理的成果，而是要维护并巩固已有的成果，坚持汉字简易化。如果对这个问题认识模糊，讨论研制工作就失去了方向，就不可能进行。

“量力而行”是指课题研究人员应有的思想准备。有人主张这次研制《规范汉字表》要“在彻底解决现行规范字矛盾的前提下，尽可能维护汉字

的稳定性，尽量避免创造新的字形”。我们认为，“彻底”解决现行规范字的矛盾这个目标是脱离实际的，也是做不到的。像汉字这样复杂的系统，各部分之间几乎不可能完全协调一致，达到人们所希望的理想状态。还是朱德熙先生说的对：“汉字里不合理的东西多得很，挑了这个还有那个，永远改不完。我主张将错就错，现在已经够乱了，千万不要再随便改动了。”⑤

“重在整合”是指把原有的多个规范字表整合在一起，以便应用。原有的规范字表发布的时间有先有后，而且体例不一，使用时常常要查阅几个字表，费时费力，十分不便。把这些字表整合在一起，把里面存在的矛盾、不一致的地方统一起来，这对推行规范汉字会带来很大的好处。要做好这件事，必须熟悉近50年来汉字简化和整理的历史，了解现有字表的利弊得失，然后才能做出抉择，趋利避害。这是件十分困难的事，也是十分重要的事。做好了这件事，我们研制《规范汉字表》的任务就完成了一多半。

“适度调整”是指对现有的规范进行调整时，必须考虑群众的承受能力，考虑社会付出的成本。事实是提出调整方案不算最难，最难是要被群众所接受。如果群众不接受，单靠行政手段去推行，也时常达不到目的，这叫民心不可违。语言文字具有稳定性，对原有规范的调整，就是打破旧规范建立新规范。群众是否愿意接受，主要看调整是否必要，调整后使用是否方便。1986年重新发布《简化字总表》时只改动了6个半字，恢复“叠”“覆”为规范字没有遇到什么阻力，可是把“象”和“像”分开，恢复“像”为规范字却引起了轩然大波。这是因为“象”和“像”是高频字，对它们的调整群众感到并不十分必要，而且调整后使用不便。为了方便调整，我把可以把推行的难度分为大、中、小三个等级。改变单字的字形、改变单字和语素的配合关系，这个最难。如把“斗争、干部”改为“鬥争、幹部”，就属于这一类。调整字表的分级，和每级里的字种，难度中等；调整异体字，把某些淘汰的异体字恢复为规范字，难度也属中等。对笔形做出微调，如直笔的有钩无钩，对群众的书写和认读几乎没有影响，难度最小。尽量减少难度大的调整，使《规范汉字表》能够顺利推行。

［附 注］

①周有光《现代汉语用字的定量问题》，《周有光语言学论文集》第345页，商务印书馆2004年版。

②詹鄞鑫《关于简化字整理的几个问题》，《简化字研究》第282页，商务印书馆2004年版。

③王凤阳《汉字的演进与规范》，《现代汉字规范化问题》第22页，语文出版社1995年版。

④费锦昌、徐莉莉《规范汉字印刷宋体字形的标准化》，《汉字字形研究》146页－151页，商务印书馆2004年版。

⑤朱德熙《在“汉字问题学术讨论会”开幕式上的发言》，《汉字问题学术讨论会论文集》第15页，语文出版社1988年版。

（《中国语文》2006年第3期）

进入“收官”阶段的《规范汉字表》的研制

《规范汉字表》的研制，从2001年立项起到现在五年多了，目前已经到了“收官”阶段。这个阶段要解决的主要问题是，对各方面提出来的意见，要决定哪些可以吸收，哪些不能吸收，最终形成《规范汉字表（报批稿）》。根据什么原则来决定取舍呢？依我看主要有两条，第一条要看是不是符合语文改革的方向，第二条要看是不是超出社会的承受能力。

先说第一条。现在我们说的“规范汉字”不是旧中国留给我们的东西，是新中国建立后，在党和政府的强有力的领导下，进行大规模的汉字整理和简化的产物，是语文改革的成果。对新中国的汉字整理和简化，不管在当时还是在以后，都存在着不同的意见，但是主流意见认为是成功的，对于国家的社会主义建设和人民大众文化水平的提高起到了积极的作用。50年来，规范汉字不但在中国的广大民众中扎下了根，而且它的影响早已扩展到港、澳、台，以及世界许多国家和地区。《国家通用语言文字法》用法律的形式肯定了新中国对汉字进行的整理和简化，确立了规范汉字的地位，这一点是不能动摇的。研制《规范汉字表》如果看不到规范汉字和语文改革的关系，就失去了方向。当前在研制《规范汉字表》时，表现出来的对语文改革的看法，大体可以分为三类，就是：前进、后退和保持现状。

有人主张借研制《规范汉字表》的机会，应该再简化一批汉字，也可以从“二简”中吸收一些合理的简化字。这是属于前进的主张。从学术研究说，这种主张不无道理，但是从当前思想文化领域的总形势看，恐怕很难做到。周有光先生指出：“二简”的失败一方面是技术性的错误，另一方面是时间性的错误。“改革要考虑‘时代思潮’，‘人心思变’的时候可以改革，‘人心思定’的时候不宜改革。冒进的改革，结果是延缓改革。”[①]这个观点对主张前进的人有参考价值。相反，有人主张借研制《规范汉字表》的机会，要有足够的后退。例如，有人提出“《规范汉字表》应该全部吸收‘一对多’的繁体字”。还有人主张缩小偏旁类推简化的范围，只保留常用字的类推简化，通用字不再类推简化。从学术研究说，这种主张也可能有某些道理，但是从群众用字的实践来说恐怕会造成混乱。硬把群众十分熟悉的“面粉、斗争、干部、先后”改为“麵粉、鬥争、幹部、先後”，怎么向群众解释？同属金字旁的字，本来都要类推简化的，可是突然变了。“针、钉、铜、铁”这些常用字的金旁，还继续类推简化，而“钎、钏、钗、钵”这些通用字的金旁却不能简化了，要写成繁体的金。这样的《规范汉字表》群众会接受吗？更有甚者，这样的后退就等于宣告部分放弃了汉字简化，这样的改动对现有语文政策的伤害是不可低估的。肯定规范汉字也就是肯定新中国对汉字的整理与简化。这场整理与简化是史无前例的，方向是正确的，效果是好的，我们每个人都是汉字改革的受益者。这样大规模的改革难免会有某些缺点与不足，十全十美的事情本来就不存在的。这些缺点与不足，有的已经得到改正，有的将在以后适当的时机加以改正。纠正汉字改革中存在的缺点与不足，前提是在总体上肯定对汉字的整理和简化。

在前进和后退两种思潮中，当前着重应该防止的是后退。十多年前有人提出大陆的汉字政策应该改为“识繁写简”，就是“把繁体正字作为印刷体，把简化字作为手写体”。这是让大陆的语文生活后退到解放前去，也就是要后退到台湾地区的用字现状，这显然是开倒车。关于简化字与繁体字的使用，《国家通用语言文字法》有明确的规定。包括简化字在内的规范汉字是国家的通用文字，繁体字只能用在文物古迹、书法篆刻等艺术作品等方面。一切与《国家通用语言文字法》规定不合的主张，都是不能接受的。

既然前进和后退都是不适宜的，当前应该采取的正确的做法是保持现状。从对待规范汉字来说，当前的社会思潮是要求稳定。作出这样判断的理由是：目前使用的这套规范汉字，不论在人际界面还是在人机界面，是基本适应的，我们并没有发现什么严重的不适应、非改不可的地方。有人认为简化字处于进退维谷的两难地步，这样的结论没有事实根据，也无法解释十多亿人已经顺利地使用了五十年这个事实。这次研制《规范汉字表》对待汉字改革，既不大进也不大退，基本保持现状。这样是不是说这次研制《规范汉字表》就无所作为了呢？不是。首先把现有的多个有关规范汉字的字表汇集在一起，把里面存在的矛盾、不一致的地方统一起来，以减少查阅的麻烦，这就是贡献。其次，保持现状并不是说什么也不做，而是在不超出社会承受能力的前提下，要酌量吸收学术研究的新成果。

再说第二条，就是对现行汉字的改动或调整，不要超出社会的承受能力。语言文字本来就是约定俗成的东西，简化字推行了五十年，已经形成了习惯，要改动必须要考虑社会的承受能力。既符合科学原理又受到群众欢迎的改动可以做，不符合科学原理或不受群众欢迎的改动不宜做。例如，把通用字的字量由7000字改为6500字，可以做。减少通用字的数量是有科学根据的，而且只涉及教材编写、辞书编写、字库研制等专业工作，对广大民众的一般用字不直接产生影响。又如，《普通话异读词审音表》把“树荫”“林荫道”改为“树阴”“林阴道”。虽然推行了许多年但并没有得到社会的普遍接受，反而造成使用中的分歧。现在把“树阴”“林阴道”改回去，恢复“树荫”“林荫道”不会有多大的阻力。又如，同是从“敝”的字，“弊、憋、瞥”的第四笔是横折钩，而“蹩、鳖”的第四笔是横折。恐怕还是统一为横折钩好。如果怕电脑字库一时不易修改，可以确定新旧形体并用的过渡期。又如，《第一批异体字整理表》把“夜、罚”定为规范字，把“亱、罸”定为淘汰的异体字。从便于字形的分解说，把“亱、罸”定为规范字似乎更好些，但是“夜、罚”已经用了几十年，群众已经熟悉，恐怕还是不改为好。

以上谈的是个人的浅见，不一定合适。如果对《规范汉字表》的研制有某些可取之处的话，我会感到十分高兴。

［附　注］

①周有光《中国语文纵横谈》第171页和第17页，人民教育出版社1992年版。

（《语言文字周报》2006年11月1日）

《规范汉字表》研制中的几个问题

《规范汉字表》的研制，自2001年启动以来不断取得进展，但是有几个重大问题至今仍未获得满意的解决。下面提出我的看法，供有关方面参考。

一、《规范汉字表》的收字

21世纪的汉字应该是规范、易学、便用的文字，只有这样的汉字才能对我国的小康社会的建设发挥积极的作用。制订并推行《规范汉字表》就是要引导汉字朝着规范、易学、便用的方向发展，这是我们应该把握的总方向。制订《规范汉字表》的关键是选好表内字，要选好表内字就必须弄清楚这个字表是给谁用的，做什么用的。《规范汉字表》是给谁用的呢？它主要是给几亿具有汉语文读写能力的汉族民众用的。用它来干什么？用它来解决阅读并书写现代白话文中遇到的汉字问题。根据以上的认识，《规范汉字表》在选字上要依次解决以下三个问题。第一，要收现代白话文用字，不收文言古语用字。全部汉字可以分为现代白话文用字和文言古语用字两大类。《规范汉字表》是现代白话文用字的《规范汉字表》，不是《古今汉字全表》，它只收现代白话文用字，不收文言古语用字。为什么不收？因为几亿使用汉字用来阅读和书写的人，他们每日阅读和写作的是现代白话文，不是文言文。需要使用文言古语用字、从事阅读和写作文言文的人，是占人口极少数人的研究古代文化的专家学者。从事这方面研究的专家学者是必不可少的，应该受到全社会的尊敬，但是不能把专家学者需要使用的文言古语用字和几亿群众每日都要使用的现代白话文用字混为一谈，不应该把专业人员需要的文言古语用字不适当地扩大到广大汉族群众身上，加重他们汉字学习和使用的负担。现代白话文里可能有文言引语，引语里的用字也属于文言古语用字。第二，要收规范字，不收不规范字。哪些字是不规范字呢？已经简化了的繁体字，已经淘汰了的异体字，已经被代替了的旧字形，还有自造简体字和错别字。另外，只在方言区流行的方言字也不应该进入《规范汉字表》。第三，要收社会流通价值较高的字，不收社会流通价值极其低下的字。《规范汉字表》不是《现代汉字全表》，它包括现代白话文里的常用字、通用字和一部分罕用字，而不是全部罕用字。要去掉那些使用范围及其狭窄、使用频率极其低下的生僻字。有的人为了显示个性，从大字典里挑了个谁也不认识的生僻字作名字。我们现在还没有《姓名法》，没有办法限制他这样做。人是现代的人，他的名字里用的字自然是现代汉字，可是这样的字不能进入《规范汉字表》。因为它的社会流通价值极低，如果进入了《规范汉字表》，社会为它要付出的高昂的代价。《规范汉字表》不收这样的字，就是引导人们不要这样用字；相反，如果这样的字都进入了《规范汉字表》，客观上就是助长了死字复活的不良倾向。《规范汉字表》的收字体现对汉字发展方向的引导性。《规范汉字表》不能完全承担解决第二代《居民身份证》里人名、地名的用字问题。

《规范汉字表》的收字不同于汉字字典的收字。供研究传统文化用的大型字典，要兼收现代白话文用字和文言古语用字；供一般民众使用的小字典，为了查考的方便，也可以酌收少量的文言古语用字。

近几年研制《规范汉字表》在收字方面存在的主要问题，是不恰当地收入了不少文言古语用字，一度还曾经把《四库全书》里的文言古语用字收入了《规范汉字表》。这个做法后来虽然放弃了，但是也反映了研制者认识上存在的不足。最近我阅读了《规范汉字表（报批稿）》的有关资料，一些文言古语用字依旧出现在《规范汉字表》内。例如：

閝 líng 门上小窗。《广韵·青韵》："閝，门上小窗。出焦浩《女仪》。"

蘦 líng 草名。旱荷。《集韵·青韵》："蘦，艸，旱荷也。一曰蔬似葵。"

蒳 liǎng 草名。《集韵·养韵》："蒳，艸名。"

穭 kuài 糠。《说文·禾部》："穭，糠也。"《玉篇·禾部》："穭，粗糠也。"

璊 mén 赤色玉。《广韵·魂韵》："璊，玉色赤也。"

鄳 méng 《说文》："鄳，江夏县。从邑黽生。"

这些字只保留在古代韵书、字书里面，在《汉语大字典》里都没有书证，书写现代白话文根本用不着。《规范汉字表》要加强对字性的审订，要毫不犹豫地去掉这样的字。

二、《规范汉字表》与相关字的简繁关系和正异关系

新中国建立以来，我们对汉字进行了大规模的整理和简化，其成果汇集

为1955年12月22日公布的《第一批异体字整理表》和1964年5月公布的《简化字总表》。1988年1月26日国家语委和国家教委发布了《现代汉语常用字表》，1988年3月25日国家语委和新闻出版署发布了《现代汉语通用字表》。这四个字是规范汉字的主要文献，是语文工作者、语文教师和广大群众使用规范汉字时经常要查阅的。《第一批异体字整理表》和《简化字总表》发布在前，《现代汉语常用字表》和《现代汉语通用字表》发布在后，而且后两个字表发布后，前两个字表并没有废止，所以后两个字表在单字后面就没有附上相应的繁体字和异体字。人们在使用这几个字表时，一会要查这个表，一会要查那个表，十分不便，因此许多人建议这次研制的《规范汉字表》要尽可能地对已有的规范字表进行整合。像社会流传很广的《新华字典》和《现代汉语词典》那样，在字头后面附上相应的繁体字与异体字。这个意见完全必要，也完全可行。可是近几年在《规范汉字表》的研制中，研制者不赞成这个意见，说《规范汉字表》怎么能有不规范的繁体字和异体字呢？这种说法根本算不上是什么学术见解，只是一种极为表面的观察。我们主张在规范字后面附上相应的繁体字和异体字，并不是要繁体字、异体字和规范字平起平坐，只不过是方便人们的使用。这丝毫无损于《规范汉字表》的规范性，相反却会增强《规范汉字表》的权威性和适用性。直到最近，我看到的《规范汉字表》（稿），仍旧是不附带繁体和异体的“裸表”。人们使用《规范汉字表》时经常需要知道，规范字与相应的繁体字、异体字的关系，《规范汉字表》不提供这方面的信息，让人们到哪里去找？在有关的会议上，我听到一种意见，就是把繁简关系和正异关系，放在《绿皮书》里。这种意见可行吗？全国使用汉字的有几亿人，是不是要这几亿人每人都准备一份《绿皮书》呢？近来获知，通过《绿皮书》来反映繁简关系、正异关系的主张又放弃了，改为制订与《规范汉字表》“配套”的《简繁字对照表》和《异体字整理表》。这与研制《规范汉字表》时要整合相关的字表，以利应用的主张背道而驰。21 世纪的语文生活，要求汉字成为规范、易学、便用的文字，研制《规范汉字表》必须满足这种需要，要尽量给使用者提供方便，而不能添麻烦，仍旧在几个字表间查来查去。《现代汉语常用字表》和《现代汉语通用字表》是“裸表”，这是由研制这两个字表时的情况决定的。今天有条件做出改变，也应当做出改变。如果今天还坚持维持这种局面，对汉字的实际应用没有任何好处。

三、关于偏旁类推简化的范围

汉字简化采用个体简化和类推简化两种方式。如果只有个体简化而没有类推简化，得到简化的字数有限，不能满足应用。类推简化有学理上的依据，符合汉字构形的特点。自 1956 年公布《汉字简化方案》到现在，类推简化已经使用了 50 多年，得到了群众的广泛拥护，成为汉字正字法的组成部分。进行类推简化，就要明确“可作简化偏旁用的简化字和简化偏旁”，所以《简化字总表》里要有个《第二表》，表内收 132 个简化字和 14 个简化偏旁。为了保持汉字的稳定，这次研制《规范汉字表》，对《简化字总表》的《第二表》可以不做改动。《简化字总表》规定：“未收入第三表的字，凡用第二表的简化字或简化偏旁作为偏旁的，一般应该同样简化。”自 1964 年公布推行《简化字总表》以来，“一般应该同样简化”的规定得到顺利的执行，没有遇到问题。近年来，在研制《规范汉字表》的过程中，有人认为《简化字总表》的这个规定不妥，这样类推就会出现“同形字和完全不合规律又没有依据的‘人为新造字’”，仅在《汉语大字典》收字的范围内就会推出一万多个没有实用价值的新字形。他们主张改为：《规范汉字表》内的字，可以类推简化的要类推简化，表外字一律不类推简化。在讨论中，有人把《简化字总表》规定的类推叫做“无限类推”，改变后的类推叫做“有限类推”。

我们认为《简化字总表》里面关于偏旁类推范围的规定并没有错，不要随意改动。新中国进行的汉字整理和简化，都隐含着一个前提，就是限于现代白话文的用字，而不是包括文言文用字在内的全部汉字。“无限类推”这个术语并不是上个世纪50年代简化汉字时提出来的，而是近几年研制《规范汉字表》讨论类推简化时提出来的。这个术语并不准确，它诱导人们把类推简化的范围扩大到全部汉字，然后再去批评这种办法的“不合理”。为了纠正这种“不合理”，于是就提出了所谓的“有限类推”。整个过程不符合学术研究的准则。用这种心理去研制《规范汉字表》，恐怕要把好事做成了坏事。其实，哪有什么“无限类推”?《简化字总表》里的类推本来是有限制的，限制就是现代白话文。在现代白话文这个范围内类推，根本不会出现“同形字和完全不合规律又没有依据的‘人为新造字’”，也不会推出一万多个没有实用价值的新字形。

在现代白话文这个范围内研究类推简化，和把类推简化扩大到文言文，得出的结论当然不一样。文言文里的用字问题要比现代白话文复杂得多。自从推行简化字以来，政府从来没有规定文言文也要用简化字来排印。《国家通用语言文字法》规定：出版、教学、科研中需要使用繁体字、异体字的，可以保留或使用繁体字、异体字。语文课本里有一些文言文，一直用简化字来印制。这些课文篇幅短，字数少，而且许多又是经过编者的节选，用简化字来印制没有发现什么问题。现在有人用简化字来印制整部的文言文著作，目的是便于只熟悉简化字的人们来阅读。这种用意是好的，可是忽略了使用简化字印制文言文可能带来的问题。这类问题很多，何止是偏旁类推的范围，通假字就是无法解开的死结。可惜这些问题至今还没有人认真研究。上述的对“无限类推”的种种责难，例如“出现了一些同形字和完全不合规律又没有依据的‘人为新造字’”等等，都是来自用简化字印制文言文。文言文的用字问题，包括文言文使用简化字的问题，与印制现代白话文有许多不同，需要专门研究。如果把这些问题和《规范汉字表》的研究搅在一起，纠缠不清，影响了对现代白话文用字的研究。这种研究方法是不科学的，得出的结论是不可靠的。

研制《规范汉字表》时，并不承担解决使用简化字印制文言文遇到的种种问题。我们必须回到现代白话文这个范围，来讨论偏旁类推简化的利弊得失。我们认为，用“有限类推”的办法来处理偏旁类推的范围，有两个致命问题无法解决。第一是使用汉字的人无法记住：带有同一偏旁的汉字，哪些是表内字，可以类推；哪些是表外字，不能类推。写作时遇到这个问题怎么解决呢？有几个人会一动笔就去查《规范汉字表》呢？结果可能是：应该类推的没有类推，不应该类推的却类推了，造成汉字使用中的混乱，破坏了简化字的规范和统一。如果通过行政手段要求人们一定要记住哪些字要类推，哪些字不能类推，就必然使汉字变得更为难学，会遇到强烈的反弹。第二是按照现行的语文政策，《规范汉字表》以外的字还不能完全不用，一旦用到了可以类推简化的字却不能类推简化，照旧使用繁体字，结果必然造成汉语书面语用字的繁简混用。繁简混用是最大的不规范。把“无限类推”改为“有限类推”，得不偿失，原有的关于类推范围的规定不宜改动。

四、异体字的整理

利用这次研制《规范汉字表》的时机，要对《第一批异体字整理表》进行必要的修订，把修订的结果用加括号的办法，附在《规范汉字表》里的规范字的后面。修订《第一批异体字整理表》的必要性主要有两条：第一是现有的《第一批异体字整理表》里的正异关系，有的不符合汉字的实际；第二是现有的“整理表”只是“第一批整理表”，有一些应该整理的异体字没有得到整理，应该加以补充。修订《第一批异体字整理表》的总原则，应该是坚守在现代白话文这个范围，而不是对全部汉字的异体字加以整理。我的具体建议如下：

（1）删去不属于异体字的形近字字组，如：券［劵］。

（2）把属于简繁关系的字组调整到简繁字部分里去。上个世纪对简繁字与异体字的区分存在缺陷，那时是把印刷厂有字模的归入异体字，没有字模的归入简繁字。我们按照《简化字总表》把简化字文本转换为繁体字以后，就会发现这样得到的文本，与传统的繁体字文本并不相合，与台湾的繁体字文本也不相合。为了解决这个问题，所以《简化字总表》的后面附有39组习惯上被看作简化字的异体字，开始做出纠正，但是过去这个工作并没有做彻底。我希望利用这次调整《第一批异体字整理表》的机会，把这件事情做好，功德无量。弃［棄］、异［異］、岳［嶽］，就属于这种情况。

（3）参考《现代汉语词典》和《新华字典》，对现代白话文里实际存在的异体字加以整理，以减轻汉字学习和使用的负担。例如，“荭”后括注“葒”，“垄”后括注“壠”，“钳”后括注“拑”等等。

（《语言文字周报》2008年10月15日和10月22日）

汉字进入了简化字时代

一、汉字发展中的新旧交替

汉字自甲骨文时代算起，至今已有三千多年。在这三千多年中，汉字始终在发展变化着，发展的总趋势是由繁到简。这可以从字体和字形两个方面来分析。从字体说，在古文字阶段里，汉字的象形程度在不断降低。在从古文字演变为隶书的过程里，大多数的字丧失了象形的意味，圆转的线条变为平直的笔画，成为用笔画组成的符号。文字的发展是渐变的而不是突变的，所以在由前一个时期演变为后一个时期的时候，要有或长或短的新旧形式并用期。新旧形式的并用不是凝固不变的，而是此消彼长，最后完成了新旧的交替。启功先生说："每一个时代中，字体至少有三大部分：即当时通行的正体字；以前各时代的各种古体字；新兴的新体字或说俗体字。以人为喻，即是有祖孙三辈，而每一辈中又有兄弟姊妹。例如秦时有祖辈的大篆，有子辈的小篆，有孙辈的隶书。而其他五体，各有所近，又是各辈的兄弟姊妹。前一时代的正体，到后一时代常成为古体；前一时代的新体，到后一时代常成为正体或说通行体。"[①]从字形说，早在甲骨文时期，许多字就有繁体与简体的分别。例如"车"字，在《甲骨文编》里就有20多种写法，有繁有简，繁简相差很大。繁体的车有车轮、车箱、车辕、车轭等，而简体的车就只有车轮：

汉字演变为楷书之后，字形仍在不断简化。据统计，我们现在使用的简化字80%是由古代传承下来的，其中在先秦两汉时就有的，占到30%。例如，简体的"汉"字来自汉代的草书，在东汉《章帝千字文断简》里就有这个字。简体的"书"字，在汉代的居延简和敦煌简里就已经广泛使用。但是在古代，这些简体字被认作是俗字，只能在民间流传，用来记账、写唱本，不登大雅之堂，而繁体字被认为是正字，在经典和文书等重要的场合只准用繁体字，不准用简体字。进入20世纪后，中国社会发生了大变化，语文生活也发生了大变化，出现了声势浩大的简体字运动，要求承认简体字的正字地位，用来代替繁体字，实现繁体与简体的交替，汉字开始进入了简化字时代。

二、当代中国的汉字简化工作

（一）民国时期的简体字运动

在20世纪，最早提出要采用简体字的是教育家陆费逵。1909年，他在

《教育杂志》创刊号上发表《普通教育当采用俗体字》的论文。到了五四时期，汉字简化运动有了进一步的发展，把汉字简化运动推向高潮的是钱玄同。1922年，钱玄同在国语统一筹备会上提出了《减省现行汉字的笔画案》，主张把过去只通行于平民社会的简体字正式应用于教育上、文艺上，以及一切学术上、政治上。提案获得通过，国语统一筹备会决定成立汉字省体委员会，这表明简体字已由专家的提倡进入政府机构研究的阶段。

1935年春季，上海文化界人士陈望道联合上海的文字改革工作者组织"手头字推行会"，选定第一批手头字300个。手头字就是简体字。2月间由文化界200人和《太白》、《世界知识》、《译文》等15个杂志联名发表《推行手头字缘起》。参与发起的杂志社把手头字铸成铅字用来印刷。在简体字运动日益发展的形势下，1935年8月，民国政府教育部公布了《第一批简体字表》，包括简体字324字。这一举措受到了广大民众和进步文化教育界的欢迎，但同时受到了保守势力的阻挠。由于保守势力的强力阻挠，民国政府在1936年2月宣布简体字"暂缓推行"，使得这次的汉字简化不幸夭折。

（二）新中国的汉字简化工作

1. 1949年新中国建立后，国家要发展教育、发展文化，决定大力推行简化汉字，把民国政府未能完成的推行简体字的主张付诸实施。1956年1月31日，国务院公布了《汉字简化方案》，收515个简化字和54个简化偏旁。《汉字简化方案》公布后，分四批推行。《汉字简化方案》里的简化字有两种类型，就是个体简化和类推简化。"寶"简化为"宝"是个体简化。"糸"简化为"纟"，根据偏旁类推简化的原则，"綿、紗、綢、緞"要简化为"绵、纱、绸、缎"，是类推简化。

1964年5月，经国务院批准，文改会编印《简化字总表》，扩大了可以用来类推简化的偏旁，并利用这些偏旁进行偏旁类推简化，共收简化字2236个。1986年重新发表《简化字总表》，对个别简化字作了调整，调整后有简化字2235个。这可以认为是到目前为止，中国政府推行的全部简化字。《简化字总表》还规定："未收入第三表的字，凡用第二表的简化字或简化偏旁作为偏旁的，一般应该同样简化。"

2. 简化字推行后取得的效果：(1)《简化字总表》(1986年版)有简化字2235字，笔画总数是23025画，平均每字10.3画。被代替的2261个繁体字，笔画总数是36236画，平均每字16画。繁简相比，平均每字减少5.7画。如果写2000个简化字，合计可以少写10000画。按平均每字10画计，等于少写1000字。(2)减少了通用汉字的字数。汉字简化时采用同音或近音代替(如以"斗"代替"鬥")和合并简化(如"獲""穫"合并简化为"获")的办法，共减少了102个繁体字。(3)提高了阅读的清晰度。比如简化字"乱、灶、龟、郁"远比繁体的"亂、竈、龜、鬱"清晰。在纸上阅读是如此，在显示器上阅读同样是如此。

吴玉章说："简化汉字的推行，无论在儿童教育、扫除文盲和一般人的书写方面都有很大的利益，因此受到广大群众特别是少年儿童的热烈欢迎。"②

3. 关于简化字与繁体字的政策。推行简化字是为了减轻汉字学习和使用的负担，因此在简化字推行后，在全国印刷的和书写的文件上一律通用简化字，也就是"以简代繁"。被简化了的繁体字不再使用，而翻印古籍和有其他特殊的需要时照旧可以使用繁体字。可见，推行简化字并没有废止繁体字，只不过缩小了繁体字的使用范围。

三、半个多世纪来，简化字的应用范围逐步扩大

(一) 简化字在中国内地

1. 1958年1月10日，周恩来总理在《当前文字改革的任务》的报告里

说："方案公布后，两年来，简字已经在报纸、刊物、课本和一般书籍上普遍采用，受到广大群众的欢迎，大家称便，特别是对初学文字的儿童和成人的确做了一件很大的好事。河南一位老师向小学生介绍简字，说'豐收'的'豐'字今后可以简写成三横一竖的'丰'字，孩子们高兴得鼓掌欢呼。天津一个工人说，'盡、邊、辦'这三字学了半年了，总记不住，这会简化成'尽、边、办'，一下就记住了。李凤莲同志有个弟弟，在家乡种地，写信给李凤莲同志诉苦，说农民普遍感到汉字难学。农民常用的一些字，像'農民'的'農'，'穀子'的'穀'，'麵粉'的'麵'，'麥子'的'麥'，还有'雜糧'这两个字，这一类字都不好写。李凤莲同志给他弟弟寄了一本简化汉字的书去，他弟弟高兴极了，回信说'这些新字好学得多'，还埋怨他姐姐为什么不早些给他寄去。简体字是要比繁体字好学好写，因此包括工人、农民、小学生和教师在内的广大群众热烈欢迎简字，这是很自然的事。""我们应该从六亿人口出发来考虑文字改革的问题，而不是从个人的习惯和一时的方便来看这个问题。""我们站在广大人民的立场上，首先应该把汉字简化这项工作肯定下来。"

解放初期，我国的文盲占全国人口的80%。用繁体字扫盲十分困难，学来学去，认识的还是那几个笔画少的字。农民说："政府年年办冬学，我们年年从头学。"这种现象直到推行简化字后才有了改变。1964年，我国在进行第二次人口普查的同时，也对国民的文化素质进行了调查。结果显示：13岁以上人口的文盲率，已经由解放初期的80%下降到了32%。汉字简化对扫除文盲起了积极的作用。

2. 根据2004年发布的中国语言文字使用情况调查得到的数据，平时主要写简化字、繁体字的比例是：

地　区	简化字	繁体字	两种都写
全　国	95.25%	0.92%	3.84%

不同年龄段平时主要写简化字、繁体字的比例是：

年龄段	简化字	繁体字	两种都写
15－29 岁	97.99%	0.25%	1.76%
30－44 岁	97.34%	0.46%	2.20%
45－59 岁	93.47%	0.93%	5.60%
60－69 岁	78.13%	5.80%	16.07%

上面的数据，有力地说明简化字已经成为汉字的主体，汉字已经进入了简化字时代。从不同年龄段的人使用简繁体的比例看，汉字的未来是属于简化字的。

3. 在中国内地，简化字不但用来出版印刷现代白话文，而且也用来出版印刷文言文。中学语文课本中有一定比例的文言文。自推行简化字以来，这些文言文一直使用简化字。五十多年来，中学生就是通过学习简化字印刷的文言文课文，来学习文言知识，吸收优秀的传统文化。

近年来，用简化字来印刷文言古籍有了发展。北京大学出版社出版的简化字标点横排本的《十三经注疏》，市场销售状况良好。简化字标点横排本《十三经注疏》的读者大体说有两类人：一类是只熟悉简化字的读者，他们要读古代经典，就只能找简化字本来读；另一类是熟悉繁体字的读者，他们也愿意读简化字本的古籍，因为简化字本要比繁体字本清晰。现在看来用简化字印刷文言文的这种趋势今后还会增加。

4. 在中国内地，简化字的推行至今已经持续了半个多世纪，汉字繁简体的应用已经出现了重大的变化。简化字在各阶层的民众中已经逐渐扎下了根，成为国内外汉字应用的主体，繁体字退出了社会一般使用的领域，汉字进入了简化字时代。周有光先生说：“一种文化工具，只要易学便用，适合时代需要，它本身就会自动传播，不胫而走。”③这深刻地揭示了半个多世纪来简化字的应用不断扩大的原因。

（二）简化字在台湾

大陆用简化字，港澳台用繁体字。大陆刚实行改革开放的时候，繁体字随着港澳台的书刊和其他商品一下子涌了进来。沿海的一些城市，一时间繁体字铺天盖地，代替了简化字。不过这种情况并没有持续多久，简化字不但“收复”了失地，而且大举“进军”港澳台。大陆与港澳台的文化流动是双向的，而不是单向的。港澳台的繁体字传入了大陆，而大陆的简化字同时也传入了港澳台。

台湾《联合报》2006年3月24日报道《繁简之争，国力就是实力》。文章说：“使用繁体字的3000万人口要对抗使用简体字的13亿人口，确实有困难。”“繁体字原本通行世界各国，但很多国家都已见风转舵。例如新西兰近年即将高中会考的中文试卷，由过去提供繁体和简体两种中文字，改为只提供简体字；加拿大的不列颠哥伦比亚省教育厅早先制订的中文课程纲要，已希望教师先教简体字，适当时机再教繁体字。同样是使用繁体字的香港，近年接受简体字的速度更快，不仅各大企业网站同步架设简体版，贩售简体字的书店是愈开愈大、愈开愈多。各国华人社区，随着大陆移民人数渐多，简体字的招牌也愈来愈多。这样的趋势足以说明，简体字空间愈来愈大。”“简体字变成主流后，以繁体字为主的台湾，要与世界各国交流，将多一道障碍；而对台湾下一代来说，若迫于形势还要再接受简体中文，将是另一个魔魇。”

《人民日报·海外版》2007年11月28日发表了题目是《简体字书在台湾热销》的文章，文章谈到了简化字在台湾传播的情况：“问津堂、若水堂、万卷楼……这些名称里散发出浓浓中国味儿的台湾书店，专卖大陆出版的简体字书刊。大陆图书专卖店悄然在台湾出现，始于10多年前，现在已发展到70多家。台湾简体字书籍的进口数量也从原先一年16万册，增加到现在每年600万册。”

澳门《新华澳报》2008年1月16日发表了题为《简体字风行台湾》的

文章。文章说："在台湾，使用繁体字还是简体字，常常被认为是涉及意识形态、事关毁灭还是保存中华文化的大是大非问题，不仅简体字不能用，连文字横排都是禁忌。正因如此，某些台湾学者把方块字看作是老祖宗给后人留下的珍贵文化遗产，必须好好守护。当他们看到大陆的简化字'儿'、'厂'、'广'等破坏了方正字形的美感时，便越发觉得'简化中国文字是一种罪过'。""但是随着政治的解禁、社会的变迁，以及两岸的交融，这种偏激的看法越来越失去了原有的市场。因为越来越多的台湾民众开始接受简体字，认识简体字，并且从简体字里面获得越来越多的资讯、知识和机会。随着对简体字了解的增多，很多台湾民众发现，大陆用简化字确实简洁方便，能提高工作效率，尤其是像'尘'、'灭'这类简化字造得很高明，甚至连反对使用简体字的人也不自觉地模仿起来。""更重要的是，简体字所传递的信息、知识以及影响力已经今非昔比，随着大陆综合国力的提高，以及中文在国际社会的普及，推崇简体字在华人世界已经形成潮流。正如台湾媒体认为，台当局不能只注意简繁字体的消长，更重要的是要关注字体市场消长所反映的两岸大势的变迁。"

（三）简化字在海外

在海外，简化字的推行适应了全球华人社会发展的需要，近年来得到了很快的发展。在平面媒体方面，2004 年 5 月泰国创刊的《中华青年报》，历经三次改版，现在采用简体中文和泰文两种文字对照排版。泰国的《中华日报》在 2005 年采用简化字和横排。海外汉语教学最早使用繁体字和注音符号，后来有些学校开始使用简化字和汉语拼音。近年来，随着中国经济迅速发展，国力不断增强，简化字和汉语拼音的使用越来越多。在美国，汉语学校和大学的汉语课绝大多数使用简化字。纽约市政府发布的中文公告，过去用繁体字，现在一律用简化字。2005 年 5 月 22 日的《纽约时报》刊登著名专栏作家克里斯托夫的文章《从开封到纽约——辉煌如过眼烟云》，标题首次使用简化字。在加拿大，原来教广东话、台山话和繁体字的学校，也开设了普通话课、简化字和汉语拼音班。台湾《联合报》2008 年 3 月 5 日报道说："美国近十年来兴起学中文的热潮，华盛顿特区不少公立中小学都已把中文增列为外语选修课程之一，教学上大致虽维持繁体和简体中文并用，但简体字逐渐成为中文教学主流，已形成一股难以抵挡的趋势。"

在当代，简化字已经成为汉字中的主体，也成为传播中华文化的主体。1985 年 7 月 1 日创刊的《人民日报·海外版》是以海外读者为对象的，开始时用的是繁体字，1992 年 7 月 1 日改为简化字。该报在 1992 年 6 月 17 日发表的《敬告读者》说："海外版自创刊以来，一直使用繁体字。考虑到简化汉字是历史发展的趋势，促进语言文字的规范化、标准化是我们义不容辞的责任，因此，我们在使用繁体字的同时，开辟了'名人名言'繁简对照，'中国古诗文选读'繁简对照栏目，以使海外华人、华侨逐步了解和熟悉简化字，为使用简化字做好过渡工作。经过七年努力，使用简化字的条件基本成熟，同时越来越看到简化字已成为世界绝大多数华人所接受的事实，因此，本报编辑部决定自下月起使用简化字。"《人民日报·海外版》由繁体字改为简化字，这说明在海外的华人华侨中汉字也进入了简化字时代。

四、有关汉字简化的争论

汉字简化是语文改革的重要组成部分。既然是改革，就会有阻力。汉字历史悠久，深入到人民生活的许多方面，汉字简化会受到保守势力的反对。面对汉字简化引起的种种争论，我们要认清汉字发展的方向。自古至今，汉字发展的总趋势是由繁到简。我们要积极推动这种发展，而不是妨碍、甚至反对这种发展。简化字虽然受到一些人的责难，可是它同时也得到更多的人的拥护。而且反对汉字简化的声音至今虽时有所闻，但是它的影响逐渐减弱。围绕简化汉字争论的主要问题有如下几个：

（一）推行简化字会妨碍继承古代文化遗产吗？

今年2月2日新浪网发表了署名老愚的博文，题目是《季羡林老人谈国学》。博文转述了季羡林先生的意见，要点是："读古文必须读繁体字"，"汉字简化及拼音化是歧途，祖先用了几千年都没感到不方便，为何到我们手里就抛弃了？追求效率不是简化字的理由。""季先生着重谈到当年简化汉字时，把'皇后'的'后'与'以后'的'后'弄成一个字所带来的遗憾"等。我们认为这些看法是值得商榷的。

传世的古书用的是繁体字，从这点说"读古文必须读繁体字"是有道理的，可是还必须明白，认识了繁体字并不等于就会读古书。其实，现代人读古书遇到的困难，不在于用简化字还是繁体字，难在古书用的是古代汉语。要能读懂古书不但要认识汉字，更重要的是要懂古代汉语，而弄懂古代汉语绝非三五日就能学会的。《尚书·尧典》开头是"曰若稽古"，这四个字没有繁简体的分别，可是认识了这四个字还不能懂得它的意思。《诗经·豳风·七月》里有一句是"七月流火"，意思是说到了夏历七月大火星就偏了西，暑气将要退去，可是有的人却误解为七月的天气下了火似的，十分炎热。因为语言文字是发展变化的，只知今而不知古，自然无法直接与古人沟通。继承传统文化历来有两种方式，就是直接继承和间接继承。绝大多数的人是通过间接继承的方式来学习传统文化的。都来搞直接继承既没有必要，又没有可能。简化字比繁体字效率高，好学好用，可是按照季先生的想法，为了能读古书，要放弃简化字回归繁体字，可是认识繁体字的人并不等于就能读古书。政府如果采纳了季先生的意见，放弃简化字、回归繁体字，结果是不但丢了简化字，而且古书照样读不懂，这不是两头落空吗？

社会是发展的，文化也是不断发展的。祖先用了几千年都没感到不方便的，到我们手里就抛弃了的事情多得很。祖先点油灯，我们点电灯；祖先坐马车，我们坐汽车坐飞机；祖先用毛笔抄书，我们用电脑打字、激光照排……中国社会需要革新，语文生活同样需要革新。拼音化的问题需要专门讨论，这里只说汉字简化。一百年前，中国语文生活十分落后。那时汉字繁难，文盲众多，民智未开，说的是方言，写的是文言，这种落后的语文生活阻碍了中国的进步。经过几代人的努力，特别是新中国建立以来，对汉字进行了简化和整理，把27画的繁体“開學”简化为只有12画的简体“开学”，为中国进入信息网络时代准备了语文条件。汉字的简化是中国语文发展的坦途，是正道，而不是歧途。

简化汉字就是为了追求效率，搞现代化就是要讲求效率，谁也改变不了这个趋势。季先生说“追求效率不是简化字的理由”，这句话实际上是承认简化字有高效率，不过他认为即使有高效率也不赞成简化字。不追求高效率，这和中央提出来的“确保到2020年实现全面建成小康社会的奋斗目标”，是背道而驰的。

用“皇后”的“后”代替“以后”的“后”，不是新中国推行汉字简化时才发生的事情，而是古已有之的。四书之一的《大学》开头就说：“知止而后有定，定而后能静，静而后能安，安而后能虑，虑而后能得。”这五个“后”都是“以后”的“后”，不必有什么“遗憾”。

（二）小学生要学繁体字吗？

2008年的“两会”期间，有的政协委员建议“小学设繁体字教育”，理由是“繁体字是中国文化的根，知晓繁体字，就是知晓汉字的由来、知晓中国文化的由来。而汉字的简化是一种进步的表现，但同时也造成了中国文化的一种隔断。”教育部部长周济对此的回答是：“欢迎大家对教育的讨论，不过请大家学习我们国家的语言文字法，我们国家有基本国策，就是要使用简化字，就是要推广普通话。这是一个基本要求。所以我想，我们朝着这个方向努力。”

文字是记录语言的符号，是交际工具。中国文化的历史要比汉字的历史久远得很，楷书繁体字并不是汉字的最早形态，现在能看到的最早的成批汉字是殷商时期的甲骨文。把繁体字看作中国文化的根，是没有科学根据的。如果要知晓汉字的由来、知晓中国文化的由来，只知晓繁体字是不够的，而要进行汉字学和中国文化学的专门研究。几千年来汉字演变的总趋势是由繁到简，说汉字的简化造成了中国文化的隔断是危言耸听。周济部长的回答是正确的。小学生必须学习包括简化字在内的规范汉字，以便用来阅读和书写。小学生中只有极少数人长大以后会去从事文史哲考古等需要使用繁体字的工作。至于哪些人会去从事这方面的工作，在小学阶段是无法确定的。让小学生在学习规范汉字以外去学习繁体字，是把极少数人将来的需要扩大到全体小学生，必然会加大小学生学习的负担，加大社会的负担，有弊而无利。对于那极少数从事传统文化研究的人，确定专业方向以后再去学繁体字也不迟。

（三）“复兴繁体字”是中国的新使命吗？

《环球时报》2007 年 6 月 7 日发表了林治波的文章，题目是《复兴繁体字，中国新使命》。文章以韩国学者张喜久的观点为理论根据，全面否定简化字，提出要复兴繁体字。张喜久说：汉字简化把“表意文字完全同化为表音文字”，失去了“东方文化的精髓”。我们认为，汉字简化只是把字形上的冗余信息减少了一些，表意文字依旧是表意文字，怎么会变成表音文字了呢？他所说的“东方文化的精髓”不知道指的是什么。如果指的是象形，象形是古典文字的特征，文字进入成熟阶段后早已放弃了象形。如果指的是表意，不论是繁体字还是简化字，都具有表意性，并没有失去。张喜久说：汉字简化“没有与使用汉字的其他汉字文化圈国家进行商讨”，“得不到各国的理解和支持”，“孤立了自己”。我们认为，一个国家实行什么样的文字政策，是它主权范围里的事情，与有关国家可以进行交流，但不必取得其他国家的同意。简化汉字是中国现代文化建设的大事，是发展现代科技和现代教育的必需，难道还要等别国同意才能做吗？再说，现代的日本汉字和韩国汉字，有一些也进行了简化，如日本把“澤”简化为“沢”，把“團”里的“專”简化为“寸”。可见汉字简化具有共同的趋势，怎么会孤立了自己？周有光说：“‘删繁就简’是人类一切文字的共同发展趋向。使用汉字的东南亚国家，近百年以来，都逐步减少通用字数、简化汉字笔画，这是适应时代需要的文化前进运动。”[④]在中国，“复兴繁体字”违背了大多数民众的意志，违背了国家的语文政策，是无法实现的梦。

（四）为了实现中国的统一，要放弃简化字吗？

《环球时报》2007年12月17日发表了王达三的《中文兴衰关乎国家统一》。王文说：“世界上因语言文字差异而造成国家分裂隐患的屡见不鲜。”为了实现中国的统一，要“实行繁简并用、文白并行的双轨制”，“放弃简体字‘一尊独大’的心理，考虑采用繁简双轨制”。王文的论断没有科学根据；他提出的两个“双轨制”违背了国家的语文政策，是十分有害的。

造成国家的统一和分裂，有十分复杂的原因，有政治、经济、民族、文化等多方面的因素，不能简单地归结为语言文字，语言文字没有这么大的作用。在战国时期，先是“分为七国”，然后才“言语异声，文字异形”。是先有“秦始皇帝初兼天下”，然后才有了书同文字。在当代中国，先有两岸的分裂，才有了两岸语文的差异，而不是相反。我们坚信中华民族有很强的凝聚力，海峡两岸终将统一。为了早日实现两岸的统一，我们要加快中国内地的发展，提高综合国力。语言文字是软实力的组成部分，做好语言文字工作就是在促进两岸的统一。要做好语言文字工作，就要贯彻《国家通用语言文字法》，而不是放弃国家的语文政策。

现行的国家语文政策，体现了近百年来语文改革的成果，符合语文应用的实际状况，是正确的。新中国推行简化汉字，顺应了历史的发展。简化字好学好用，提高了阅读的清晰度，受到了群众的欢迎。包括简化字在内的规范汉字，是我国的法定文字，当然要“一尊独大”，这没有什么不对。如果实行王文提出的“繁简并用”双轨制，占总数95.25%的平时主要写简化字的人不但要掌握简化字，而且要掌握繁体字，这至少要增加一倍的负担。用白话文取代文言文，也就是用言文一致取代言文分离，不但是文体的改革也是思想的解放，这是五四新文化运动取得的历史性的功绩。今天不但中国内地用白话文，台湾也用白话文，两岸没有分歧。王文主张实行“文白并行”的双轨制，这是对五四白话文运动的否定。在中国内地行不通，在台湾也行不通。

五、简化字时代的文字生活

汉字已经进入了简化字时代，这个时代的汉字生活的要点是：

第一，要坚持使用包括简化字在内的规范汉字，使汉字成为规范、易学、便用的文字。包括简化字在内的规范汉字是汉字的主体。学校要教规范汉字，学生要学会规范汉字，社会要坚持使用规范汉字。对于社会的绝大多数的民众来说，只学会使用规范汉字，就能满足文字生活的需要。只有专门从事传统文化研究的人士，如大学文史哲、考古专业的及其他有关专业的学生，要学会繁体字。除此之外，不能强迫任何人学习和使用繁体字。个人愿意学习繁体字不受限制。《国家通用语言文字法》还规定：“国家通用语言文字以《汉语拼音方案》作为拼写和注音工具。”“《汉语拼音方案》是中国人名、地名和中文文献罗马字母拼写法的统一规范，并用于汉字不便使用或不能使用的领域。”

第二，推行简化字，并不是说要废止繁体字。在中国繁体字使用了上千年，有大量的传世文献，这是一笔了不起的财富，更何况港澳台现在还在使用繁体字。2000年10月31日全国人大常委会通过的《中华人民共和国国家通用语言文字法》规定：“国家推广普通话，推行规范汉字。”而规范汉字中就包括了政府公布推行的简化字。这部法律还规定："有下列情形的，可以保留或使用繁体字、异体字：(1) 文物古迹；(2) 姓氏中的异体字；(3) 书法、篆刻等艺术作品；(4) 题词和招牌的手书字；(5) 出版、教学、研究中需要使用的；(6) 经国务院有关部门批准的特殊情况。"

第三，我们说"汉字进入了简化字时代"，并不意味着今后要大量简化汉字。汉字的形体应保持稳定，正在使用中的简化字也要保持稳定。今后，对汉字的简化应持谨慎态度。还要不要继续简化汉字？如果要简，什么时候简？怎么简？都要经过认真地研究，征求各方面的意见然后再做出决定。

第四，一百多年来的汉字简化运动，始终伴随着激烈的争论。这是语文改革中必然要产生的现象。主张恢复繁体字的人是极少数，他们完全退居守势。他们没有新的观点和新的语言，无法吸引公众的注意力。反对简化字的主张不会成功，因为这种主张违背了汉字演变的客观规律，违背了使用汉字的绝大多数民众的愿望。

第五，加强对汉字的科学研究和传播，反对胡乱解说汉字，大力宣传科学的汉字学。近些年来，胡乱解说汉字的歪风有越演越烈的趋势，值得关注。

[附　注]

①启功《古代字体论稿》第41页，文物出版社1964年版。

②吴玉章《关于当前文字改革工作和汉语拼音方案的报告》，《吴玉章文集》第145页，中国人民大学出版社1978年版。

③周有光《汉语拼音 文化津梁·序言》，三联书店2007年版。

④周有光《〈汉字简化方案〉的推行的成果》，《语文建设》1989年第5期。

(《光明日报》2009年5月28日。有改动)

简化汉字60年

一、《汉字简化方案》的制订

当代的简化汉字运动开始于20世纪初年，五四新文化运动推动了简化汉字运动的发展。到了20世纪30年代，简化汉字运动形成了高潮。形成高潮的标志有两个：一个是1935年春在上海文化教育界出版界兴起的手头字运动，第一批要推行手头字300个；另一个是1935年8月南京国民政府教育部公布《第一批简体字表》，要推行简体字324个。后来《第一批简体字表》虽然未能按照原计划推行，但是它的制订并公布仍然具有重要的意义。新中国建立后，继承五四新文化运动的传统，采取措施将简化汉字工作付诸实施。下面对《汉字简化方案》的制订做一扼要的回顾：

1. 1950年7月10日，吴玉章召开中国文字改革协会干部会议，传达了毛泽东主席的指示：文字改革应首先办“简体字”，不能脱离实际，割断历史。

2. 1950 年 9 月 15 日，教育部社会教育司编成了《常用汉字登记表》，共收常用汉字 1017 个，每个字下都选用了一个简体。1950 年 9 月底，教育部社会教育司把《常用汉字登记表》及简体字的选定原则分送到各有关方面征求意见。根据这次征集来的意见，教育部社会教育司经过多次研究修改，于 1951 年编成了《第一批简体字表》，收录了比较通行的简体字 555 个。

3. 1952 年 2 月 5 日，中国文字改革研究委员会成立，它承担的一项重要任务就是继续研究整理简体字。同年 3 月 25 日，中国文字改革研究委员会成立汉字整理组，整理组的成员有叶恭绰、马叙伦、魏建功、季羡林、丁西林。会议决定以教育部社会教育司拟订的《第一批简体字表》为基础，草拟简化汉字笔画和精简字数的方案。1952 年下半年，汉字整理组拟出《常用汉字简化表草案（第一稿)》，收比较通行的简体字 700 个，送毛泽东主席审阅。1953 年 3 月 25 日，中国文字改革研究委员会举行第三次会议，传达毛主席的意见。毛主席指出：“过去拟出的 700 个简体字还不够简。作简体字要多利用草体，找出简化规律，作成基本形体，有规律地进行简化。汉字的数量也必须大大简缩。只有从形体上和数量上同时精简，才算得上简化。”经过讨论，会议决定：汉字字形的简化工作，今后要和汉字字数的精简工作结合起来进行，变成全部通用汉字的整理。

4. 根据上述决议，汉字整理组从 1953 年 11 月到 1954 年 6 月先后拟出《常用汉字简化表草案》“第二稿”至“第四稿”。1954 年 7 月 15 日，中国文字改革研究委员会举行第四次全体委员会议，经过讨论原则通过《常用汉字简化表草案（第四稿)》。会议授权由韦悫、叶恭绰、丁西林、叶圣陶、魏建功、林汉达、曹伯韩组成的七人小组，审核秘书处根据各委员书面意见整理的印刷体简体字表和异体字统一写法表，然后作出简化的标准字表的初稿。七人小组又推定叶恭绰、丁西林、魏建功三人从事具体工作。三人小组把4000多个字按照不同情况分成三个简化字表：第一表是社会上已经广泛流行的简体字或同音代替字，共计674字；第二表是三人小组认为可能还有争议的简体字或同音代替字，共计104字；第三表是不必简化或暂不简化的字，共计3342字。这就是1954年9月拟定的《常用汉字简化表草案（第五稿)》。1954年10月，中国文字改革研究委员会就汉字整理问题向中央写了报告，并将《常用汉字简化表草案（第五稿)》作为报告的附件一同上报了中央。1954年11月，中共中央发出《关于讨论汉字简化方案的指示》。指示说："我国汉字有很多缺点，必须'在一定条件下加以改革'（见毛主席《新民主主义论》第十五节)，而最初步的改革就是简化汉字笔画，使初学者容易书写，并使印刷体和通用的书写体尽量趋于接近和一致。中国文字改革委员会根据上述原则，经过多次的拟议、讨论和修改，现已拟定了一个汉字简化方案的草案，并向中央作了报告。中央同意这个报告，特将它转发各地，望各地党政负责人特别是宣传文教负责人加以阅读。"

5. 1954年11月30日，中国文字改革委员会（简称"文改会"）常务委员会举行会议。根据中央指示的精神，在《常用汉字简化表草案（第五稿)》的基础上再作必要的修改，最后形成《汉字简化方案（草案)》。1955年1月7日，中国文字改革委员会、教育部、中国人民解放军总政治部、中华全国总工会发出联合通知，印发《汉字简化方案（草案)》30万份，要求各省市教育厅局、部队和工会组织讨论，征求意见。同年2月2日，中央一级主要报纸、刊物发表《汉字简化方案（草案)》。3月至4月，政协全国委员会根据周恩来总理的指示，举行关于汉字简化和改革问题的报告会。出席报告会的有全国政协常委、人大常委和中央各部委的负责人。此外，中央国家机关，主要是文化部、教育部、邮电部、新华社等与文字改革关系比较密切的部门，分别组织干部群众讨论了《汉字简化方案（草案)》。

1955年1月22日，文改会向中央国家机关、各民主党派、各高等院校发出通知《征求对〈汉字简化方案（草案）〉的意见》。1955年5月1日，北京、天津40种报刊首先试用《汉字简化方案（草案）》中的第一批51个简化汉字。

6. 自1955年1月《汉字简化方案（草案）》发表到同年7月23日止，文改会收到群众来信或意见书共5167件。各省市教育厅局和部队、工会都召开了专门讨论简化字的会议，全国参加讨论的人数达到20万。其中赞成《汉字简化方案（草案）》的人数达到97%。文改会根据各方面的意见，对《汉字简化方案（草案）》再次进行修订，于1955年9月拟出《汉字简化方案（修正草案）》，提交国务院汉字简化方案审订委员会审订。

7. 1955年10月，教育部、文改会联合举行全国文字改革会议，会议要解决的主要问题是推广普通话和简化汉字。会议指出："汉字简化是为了逐步精简汉字的笔画和字数，以减少汉字在记认、书写、阅读和印刷中的困难。"简化汉字所采取的方针是"约定俗成，稳步前进"。会议通过了《汉字简化方案（修正草案）》。

8. 1956年1月28日，国务院全体会议第23次会议通过了《汉字简化方案》及《关于公布〈汉字简化方案〉的决议》。《关于公布〈汉字简化方案〉的决议》指出："汉字简化方案，1955年1月由中国文字改革委员会提出草案，经全国文字学家、各省市学校的语文教师以及部队、工会的文教工作者约20万人参加讨论，提供意见，再经1955年10月全国文字改革会议通过，并由国务院汉字简化方案审订委员会审订完毕。汉字简化方案分三部分。第一部分即汉字简化第一表所列简化汉字共230个，已经由大部分报纸杂志试用，应该从1956年2月1日起在全国印刷的和书写的文件上一律通用；除翻印古籍和有其他特殊原因的以外，原来的繁体字应该在印刷物上停止使用。第二部分即汉字简化第二表所列简化汉字285个和第三部分即汉字偏旁简化表所列简化偏旁54个，也都已经经过有关各方详细讨论，认为适当。现在为慎重起见，特先行公布试用，并责成各省市人民委员会负责邀集本省市政治协商委员会委员征求意见，在3月底以前报告国务院，以便根据多数意见再作某些必要的修正，然后正式分批推行。”同年1月31日，《人民日报》刊载了国务院《关于公布〈汉字简化方案〉的决议》和《汉字简化方案》。

近年来，社会上出现了要求“弃简复繁”的思潮。有人对《汉字简化方案》的制订过程做了与事实不符的叙述。说什么“文字乃文化之根，是历史之本。”“红色政权成立了，立即就要改动这个‘根’与‘本’，而这个改动居然是由一个叫‘文字改革委员会’的机构一手包揽。领导人吴玉章不是文字专家，是中共元老。这个机构开了些会议，便形成了《汉字简化方案》文件；很快，《方案》上报了中共中央；很快，（时隔三月），第一批汉字简化方案在全国推行。推行的重点就是报纸和学校。当时，民盟中央领导人个个震惊，议论纷纷。如此重大的政策，咋就这样出台了？和中国老百姓商量了吗？和文化教育新闻艺术机构商量了吗？和语言文字的专业人士商量了吗？”我们认为，说“文字乃文化之根，是历史之本”是不恰当的。文字是文化发展到一定阶段的产物，人们用它来记录语言传承文化，但它不是文化之根、更不是什么历史之本。新中国推行简化汉字，是为了使汉字易学便用，促进文化教育的发展，谈不上要改动什么“根”与“本”。中国文字改革委员会是负责文字改革工作的政府职能部门，它履行自己担负的职责，不能叫“一手包揽”。吴玉章是语文改革专家，从事过北拉方案的制订与推行，由他来负责文改工作是合适的。《汉字简化方案》的制订是严肃认真的，充分听取并吸收了各界民众的意见和建议，特别注意听取文化教育界、语言文字界和各民主党派的意见，不是草率的和独断的。从1950年7月算起，用了5年半时间。60年来推行简化字的实践，证明这个《方案》的合理性与可行性。周恩来在《当前文字改革的任务》的报告里指出：“我们站在广大人民的立场上，首先应该把汉字简化这项工作肯定下来。”1991年1月22日，胡乔木在《汉字简化方案》公布35年纪念大会上的书面发言里说：“《汉字简化方案》已经公布、使用了35年。35年来，这个方案在普及教育、提高国民文化水平，促进社会主义现代化建设等方面都发挥了积极的作用。实践证明，它是一个便于学习、应用的方案。”

二、简化汉字的利与弊

简化汉字对汉字的学习和使用带来许多方便。主要表现在：

1. 减少了笔画。《汉字简化方案》内，共有繁体字544个，总笔画是8745画，归并简化成515个简化字，总笔画是4206画。平均每一个繁体字是16.08画，每一个简化字只有8.16画，与繁体字相比省去了一半的笔画。如果把各简体再按《方案》中《汉字偏旁简化表》继续加以简化（这是必要的），那每一简体的平均笔画可能只有6.5画，这就不到原字平均笔画的半数了。[①]

《简化字总表》（1964年版）收入繁体字2264字，10画以下的只有141个，占总字数的6.2%强。简化后字数为2238字，10画以下的达到1267个，占总字数的56.6%。两相比较，简化后10画以下的字数显著上升，增长了50.4%。

繁体字的总笔画数为36280画，平均每字16画；简化字的总笔画数为23055画，平均每字10.3画。每个字平均减少将近6画。书写2000字，少写10000多笔画！可以这样设想：10000个笔画等于1000个单字。按照通常书写速度，抄录10000字的剧本需要8个小时。那么，写1000字就得48分钟。少写10000画等于多写1000字。节约人们书写的精力和时间，可想而知。[②]

2. 减少了通用汉字的字数。减少字数主要使用两种方法。一种是同音

(近音)代替。例如，用“谷”代替“穀”，用“斗”代替“鬥”，用“后”代替“後”，用“板”代替“闆”。这就是六书里的假借，是本有其字的假借。另一种是合并简化，把两三个繁体字合并简化为一个简化字。例如，“穫”“獲”简化为“获”，“鍾”“鐘”简化为“钟”，“發”“髮”简化为“发”，“彙”“匯”简化为“汇”，“臺”“檯”“颱”简化为“台”。用这两种方法一共减少了102个繁体字。

3. 提高了阅读清晰度。简化字“乱”“灶”“龟”“郁”“凿”“笾”“颞”“鸾”，比繁体字“亂”“竈”“龜”“鬱”“鑿”“籩”“顳”“鸞”笔画减少了，阅读的清晰度自然就提高了。不但手写的字清晰了，电视、电脑屏幕上显示出来的字也清晰了。阅读清晰度的提高，可以节省目力，有利于保护目力。

4. 有些形声字，简化字的声旁比相应的繁体字的声旁表音准确。例如，简化字“帮”“证”“战”“护”“肤”“达”“赶”“运”的声旁比繁体字“幫”“證”“戰”“護”“膚”“達”“趕”“運”的声旁表音准确，更容易认读。

有百利而无一弊的事是不存在的。简化汉字有利也有弊，但是利大于弊。主要的弊有：

1. 有些字改变了原来的偏旁系统，使得相关的繁简关系变得复杂。例如，“盧”简化为“卢”，“顱”“瀘”“壚”“鸕”简化字“颅”“泸”“垆”“鸬”，而“蘆”“廬”“爐”“驢”却简化为“芦”“庐”“炉”“驴”。“構”“購”“溝”简化为“构”“购”“沟”，而“媾”“遘”“篝”“覯”里的“冓”却没有简化。“揀”“煉”“練”简化为“拣”“炼”“练”，而“谏”“阑”“澜”里的“柬”却没有简化。

2. 增加了多音多义字。汉字简化后，现代汉字里的多音多义字大约占10%左右。在现代白话文文献中，多音多义字的应用不会造成歧义。不过在由简变繁时，特别是在书写专有名词，如人名、地名时，可能遇到困难，要特别留意。例如，用作姓氏的“钟”转换为繁体字时，不知是“鍾”还是“鐘”。鲁迅著《范爱农》一文，其中说到辛亥革命后王金发带兵从杭州到了绍兴，成立军政府，自任都督。在中国现代文学史上，有位现代派诗人叫李金发，著有诗集《微雨》。如果不算姓氏，只论名讳，两位都叫“金发”。这个“发”是读 fā 还是读 fà？转换为繁体字，是“金發”还是“金髮”？只好去检查繁体字的文献，得到的答案是：王金发的繁体是王金發，李金发的繁体是李金髮，读音的困惑也要用这种方法去解决。

3. 增加了形近字。简化汉字减少了一些形近字，例如，繁体的“畫”“晝”简化为“画”“昼”，但是又增加了一些形近字，例如，“攏”“擾”简化为“拢”“扰”，“歷”“曆”“厲”简化为“历”“厉”，“懺”“縴”简化为“忏”“纤”。“撥”简化为“拨”，与“拔”形近；“設”简化为“设”，与“没”形近。粗略的统计结果是，增加的多于减少的。

4. 有些字的构字理据有所削弱，这在符号代替字和草书楷化字里较为突出。前者如，“轟”“聶”简化为“轰”“聂”，“鄧”简化为“邓”，“鳳”简化为“凤”，“風”简化为“风”，“趙”简化为“赵”。后者如，曲辰“農”简化为“农”，“堯”简化为“尧”，“書”简化为“书”，“專”简化为“专”。

前两个缺点都涉及到汉字简繁转换。简繁转换对从事文、史、哲、考古等专业人员来说有实际的需要，这些专业人员必须能熟练地从事简繁转换，而与一般民众关系不大。一般民众只要能熟练地掌握简化字，能够正确地运用简化字就够了。我们时常看到简繁转换时出错，例如把“西太后”转换成“西太後”，把“海淀区”转换成“海澱區”。这不是简化字本身存在问题，而是从事转换工作的人不熟悉简繁对应关系，不适合做这方面的工作。这如同让一个不熟悉中文英文对应关系的人去从事英译汉或汉译英，必然会出现问题。

相对于繁体字难学、难写、难记、难用，简化字易学、易写、易记、易用。每一个使用简化字的人都是受益者，没有受害者。在汉字简化以前，社会用字往往是正字与俗字并存，正式场合用正字，一般场合用俗字；汉字简化以后，简化字取代了繁体字，不论是正式场合还是一般场合，都要用简化字，繁体字只在特定的范围内使用。总体说，汉字简化利大于弊，所以广大民众愿意使用。

周有光先生说："汉字简化，有利有弊，利多于弊。小学教师普遍认为，汉字简化好处是：好教、好学、好认、好写，在电视和电脑的屏幕上，阅读清晰。从1956年到今天，半个世纪，简化字在大陆已经普遍推行于教科书、报纸、杂志、一般出版物，制定了'通用语言文字法'。一团乱麻的汉字，有了全国一致的汉字规范化，这是汉字历史的重大发展。今天再来推翻规范化的简化字，是否合理、是否有利、是否可能，应当问问全国小学教师。他们会提出切合实际的答案。"③

三、推行简化字有利于传承传统文化

我们再从传承传统文化方面，看汉字简化的利与弊。比较下列两段文字：

（1）子曰："学而时习之，不亦说乎？有朋自远方来，不亦乐乎？人不知而不愠不亦君子乎？"（《论语·学而》）

（2）子曰："學而時習之，不亦説乎？有朋自遠方來，不亦樂乎？人不知而不愠不亦君子乎？"（《論語·學而》）

这两段话使用的汉字一简一繁，但是记录的语言是一样的，表达的意思也是一样的。简化汉字只改变部分汉字的字形，并不改变它记录的汉语。简化字和繁体字都能传承传统文化，而简化字易学便用，使用的人数众多，更有利于传承传统文化。

认识了简化字就能读懂简化字本的古籍吗？当然不是这么简单，还必须学习古代汉语，学习阅读古籍必须掌握的一整套文字、音韵、训诂的知识。这和认识了繁体字还不能读懂繁体字本的古籍是一样的道理。出版一些简化字本的古籍供人阅读，要比出版繁体字本的古籍更容易获得读者，因为读者省去了学习繁体字花费的时间和精力，所以我们说简化字有利于文化的传承。

自先秦到现代，汉字的形体几经改变，但是用汉字记录下来的古代文献的内容没有改变。一部《论语》在不同的时代可以用不同形体的汉字：可以用古文，也可以用小篆、用隶书、用楷书；同样是用楷书，可以用繁体字，也可以用简化字。文化传承不会因文字形体的变化而中断。有人以为古书从古至今用的都是繁体字，而且也只能用繁体字，因而说："简化字与传统有距离，而繁体字与传统直接对接"，所以"读古文需读繁体字"，为了继承传统文化必须"弃简复繁"。事实不是这样的。正如一位网友所说的："不仅所有先秦文献都不是由繁体字写成，而且连西汉文献都不是由繁体字写成"。在今日之中国，汉字已经进入了简化字时代，平时主要使用简化字的占人口的95.25%。为了让占人口总数95.25%的人有机会阅读古籍，"与传统直接对接"，有些出版社出版了简化字、标点横排本的古籍，就成为理所当然的了。北京大学出版社1999年出版了李学勤主编的简化字本《十三经注疏》受到读者的欢迎，也就是情理中的事了。当然，我们并不主张所有的古籍都用简化字来排印，但是为了让传统古籍尽量接近普通民众，出版简化字本的古籍是不可避免的。

有人说："推行简化字造成了文化断裂。"简化汉字60年的历史不支持这种说法。60年来中国内地重视传承传统文化，广大教师和语言文字工作者也十分重视继承和发扬传统文化。简化汉字的60年，大量古籍得到重印和新印，主要是繁体字本。近年来国家拿出资金支持出版“中华再造善本”，使一些珍稀的古籍善本得以流传。在使用简化字的中国，除了“文革”那个特殊时期外，对传统文化的重视与弘扬，和使用繁体字的地区相比一点也不逊色。需要使用繁体字的专业工作者，他们不受干扰地学习和使用繁体字，传统文化何尝出现什么断裂？繁体字古籍得到很好的保存，随时供人阅读，文化的传承不受干扰，推行简化字有什么坏处呢？

我们再看汉字简化前后民众文字生活的改变。在汉字简化前，小孩子上学学的是繁体字，读书看报和写文章用的都是繁体字。因为繁体字难学难写，孩子长大后也要学会一些简体字，以便平时应用。他们拿起繁体字的古籍，许多字是认识的，可是意思并不一定懂，或不能全懂。从事文、史、哲、考古等专业研究与教学的人员，只占人口的极少数。这些人因为从小学会了繁体字，进入专业领域后会有些方便。而绝大多数民众除了书写时可以夹用几个简体字外，终生要用繁体字，费时费力，耗损目力。因为他们从事的工作不是文、史、哲、考古等专业，学了繁体字也得不到什么特殊方便。在汉字简化后，多数学生上学学的是简化字，终生用的是简化字，省时省力，节省目力。只有那从事文、史、哲、考古等专业的人员要学习和使用繁体字，而这类专业人员的人数是很少的。从社会算总账，绝大多数的人省去了学习繁体字的时间和精力，有利而无弊，何乐而不为呢？

推行简化字最先是由教育家提出来的。1909年，教育家陆费逵提出“普通教育当采用俗体字”。他所说的俗体字，许多就是简体字。他认为这样做“有利无害”，“不惟省学者脑力，添识字之人数，即写字刻字，亦较便也”。1935年南京国民政府公布《第一批简体字表》时发布的《部令》说：“我国文字，向苦繁难。数千年来，由图形文字，递改篆隶草书，以迄今之正体字，率皆由繁复而简单，由诘曲而径直，由奇诡而平易。演变之迹，历历可稽。惟所谓正体字者，虽较简于原来之古文篆隶，而认识书写，仍甚艰难。前人有见及此，于公私文书文字，往往改用简体，在章表经典，及通问书札中，简体字亦数见不鲜。明儒黄氏宗羲，对于应用简体字，主张尤力，有‘可省工夫一半’之语。而社会一般民众，于正体字书籍，虽多不能阅读，但于用简笔字刊行之小说，眷写之账单，辄能一目了然。可知简体文字，无论在文人学士，在一般民众间，均有深固之基础，广大之用途，已为显明之事实。”这是国民党执政时发布的文告，难道也是要“割断传统文化”吗？

四、汉字的简化就是信息的减化吗？

东汉的文字学家许慎在《说文解字序》里批评了那时社会上胡乱解说文字的不良风气。例如，“马头”“人”是“长”，“人”拿着“十”是“斗”，“虫”字是使“中”字的竖笔弯曲，等等。他指出：这种解释“皆不合孔氏古文，谬于史籀”。没有想到的是，在许慎提出了批评的两千年后，这种对汉字的胡乱解说再次出现。近来主张“弃简复繁”的人提出的一条理由是“汉字的简化实际上就是信息的减化”，为了证明这个观点于是就任意地解说汉字。有人说：“比如‘災’字，最初的意思是水灾和火灾，水来火将蒸发，火起水以灭之。这个字本身不仅表明水、火之灾是古代社会最牵动人心的自然灾害，而且还寄予了先人期望以‘水’将‘火’灭，‘火’将‘水’蒸发，有灾免灾，雨顺风调的良好愿望，表现出先人造字的智慧。可是简化字的‘灾’字，却是‘家’中起‘火’，无‘水’以灭。”这种解释没有根据。他们不明白，汉字字形表示的意义跟字的本义不能随便画等号，字形往往只能对字义起某种提示作用，往往比字的本义狭窄。“災”和“灾”记录的都是汉语里的“灾”，有“水”无“水”没有优劣之分。词义具有抽象性，汉语里的“灾”指各种灾害，除了水灾、火灾外，还包括风灾、旱灾、涝灾、蝗灾等，字形不可能都表示出来。他们说：“‘水’将‘火’灭，‘火’将‘水’蒸发。”按照传统的五行相生相克说，应该是“水”克“火”，“火”克“金”，而不是“火”将“水”蒸发。他们用“災”和“灾”来说明繁体字信息量大，其实“災”和“灾”都是7画，根本就不是繁简字，而是一组异体字。又如“護”和“护”字，记录的都是汉语里的“护”这个词，它们都是形声字：“護”是从言蒦声，“护”是从扌户声。“護”字20画，“护”字只有7画，“护”的信息量并没有减化。他们说“‘護’字是全力保护大自然，简化后只能‘护’自己的小门户了”，这是毫无根据地强生分别。他们还批评“‘廠’简化为‘厂’，工厂就空了”。繁体的“廠”是从“厂”“敞”声，其中的“敞”不表义，只表音，而表义的“厂”里面不也是什么都没有吗？从以上三组例字里不难看出，这种研究与科学的汉字研究风马牛不相及。

我们讨论汉字的信息量，实际是讨论汉字的构字理据。汉字是语素文字，通俗地说是表意文字。表意文字很重视六书字理，注重字形和字义、字音的联系，因为没有字理的汉字，学习和使用要靠死记十分不便。甲骨文、金文是不是都符合六书字理？恐怕不是。《说文》小篆是不是都合于六书字理呢？也不是。《说文》对字形的分析，有问题的字就很多。到了隶书和楷书，没有六书字理的字有一大批。有人以为繁体字个个有字理，而简化字个个没有字理。如果真的是这样，简化字的确成问题，可惜这不是事实。繁体字里没有字理的例子很不少，例如“日”不像圆圆的太阳，“月”也不像一弯新月，“魚”和“燕”怎么都有了四条腿？“寸”“身”应该是“矮”，怎么是“射”？一个“年”字，甲骨文从人从禾，是会意字，像人负禾。到了小篆“人”讹变为“千”，“年”字变成了从禾千声的形声字。到了隶书和楷书“年”就变成了无理据的记号。汉字简化采用约定俗成的方针，有些字有字理，有些字没有字理。例如，繁体字“眾”讲不出构字的道理，而简化字“众”是由三个人构成的会意字；繁体字“滅”，按《说文》的分析，左边是形旁右边是声旁，声旁十分生僻，失去了表音作用，而简化字“灭”，从一从火，理据十分清晰。简化字有些字的字理削弱了，甚至丧失了。我们在前面讨论简化汉字的利与弊时已经指出这个事实。许多草书楷化字失去了理据，例如“书”“尽”“农”。部分省略字里有许多字也已丧失了理据。比较繁体字和简化字，在字的理据性上有得有失，而不是只有失没有得，因此不能说“汉字的简化实际上就是信息的减化”。到底得和失孰大孰小，要做全面研究，要做定量分析。

五、汉字简化和汉字拼音化没有必然的联系

有人认为：“简化汉字是为了使汉字靠近拼音文字，最终的目的是要实现汉字拼音化。”这种说法既不了解拼音化也不了解汉字。世界上的文字种类很多，根据自身的性质可以区分为两大类，就是语素文字和拼音文字。前者记录的是语素，后者记录的是音素或音节。这是性质完全不同的两类文字，某一类不会自动演变为另一类。简化汉字不会自动使汉字演变为拼音文字，一部世界文字发展史找不到这种变化的实例。毛泽东主席1951年指示我们：“文字必须改革，要走世界文字共同的拼音方向。”毛主席又指示我们，汉字的拼音化需要做许多准备工作；在实现拼音化以前，必须简化汉字，以便目前的应用，同时积极进行各项准备。如果认为汉字简化可以自动过渡到拼音化是毛泽东的本意，这是对毛泽东谈话的曲解。毛泽东的意思很清楚，在实现拼音化以前要继续用汉字，而许多汉字笔画繁多不便使用，所以要对汉字进行简化。简化是为了“以便目前的应用”，不是为了过渡到拼音文字。

汉语拼音化是个有争论的问题。1958年周恩来总理指出：“这个问题我们现在还不忙作出结论。但是文字总是要变化的，拿汉字过去的变化就可以

证明。”1986年举行的全国语言文字工作会议指出：“我们认为，周总理的这段话今天仍然具有指导意义。汉字的前途到底如何，我国能不能实现汉语拼音文字，什么时候实现，怎样实现，那时将来的事情，不属于当前文字改革的任务，现在有不同的意见，可以讨论，并且进行更多的科学研究。但是仍然不宜匆忙作出结论。”在目前，主张汉字一定要实现拼音化，或者主张汉字一定不能实现拼音化，都属于个人的学术观点，都可以继续研究，都不能作为定论。有人竭力否定拼音化，给拼音化加上种种罪名，然后把汉字简化与拼音化联系起来，由否定拼音化进而否定汉字简化。这不是学术讨论应该遵循的正确方法。

六、对“识繁写简”等主张的评析

在1989年1－2期合刊的《汉字文化》杂志上，袁晓园发表了题目是《识繁写简书同文字共识互信，促进祖国和平统一》的文章，提出了“识繁写简”的主张。她主张“把繁体正字作为印刷体，把简化字作为手写体”。印刷物用繁体，手写用繁用简随意，这正是台湾地区现阶段汉字使用的状况。而中国内地与此不同，1956年以后，印刷和手写都用简化字，只在特定情况，如文物古迹等，才用繁体字。“识繁写简”是针对大陆说的，是要大陆退到1956年以前去，也就是要退到台湾地区的文字应用状况去。作者认为这样做可以实现海峡两岸的“书同文”。可是让大陆的十多亿人放弃已经使用了几十年的简化字，重新恢复繁体字，是不现实的。如果真的采纳了这种主张，不但会造成语文教学的一片混乱，也会造成社会语文生活的一片迷惘，小康社会的建设必将受到严重的干扰，后果不堪设想。

袁晓园的“识繁写简”论受到批评后，她对“识繁写简”重新作了解释。她的解释是：“以繁体字为正体的地方，允许印刷一些简体字读物；以简体字为正体的地方，允许印刷一些繁体字读物。用繁用简，主要应由印刷读物的性质决定，不必完全统一。”陈一、詹人凤指出：“从规范化、标准化的角度来看，这不是‘发展’，而是倒退。”“袁先生在文中列举了‘识繁写简’的种种好处，其实都是‘识繁’的好处。甚至在谈到语言文字发展的规律是‘明确简短（简约）’时也没有对简化字的好处赞一辞，反而大谈‘违背明确的文字简化’是错误的。”[④]按照袁晓园后来的解释，一个使用汉字的人必须繁简兼识兼写，这凭空增加了学习汉字的负担，不利于中国文化的传承和教育的进步。社会用字由单一的繁体或简体，改变为繁简两体兼用，极大地增加了社会用字的成本，必将拖累社会的进步。从大陆的情况看，简化字使用了几十年，好端端的文字生活为什么要改为“识繁写简”呢？为了继承传统文化吗？简化字有利于继承传统文化。为了促进两岸统一吗？1949 年全国都在使用统一的汉字，并未能阻止两岸的分裂。陈水扁搞“台独”，大陆放弃了简化字并不能让他改弦易辙。

最近几年，台湾有些政治人物一再放言反对简化字。据中新社香港 2009 年 6 月 9 日电：台湾领导人 6 月 9 日在台北建议：可采“识正书简”方式，希望两岸未来在这方面也能达成协议。他认为，“识正”就是认识正体字，但要书写的话可以写简体字，印刷体则尽量用正体字，这样才能跟中华文化的古籍接轨。他说，全球很少有文化能读二、三千年前的文字，但中华文化就做得到。台湾《中央日报》网络版 6 月 12 日发表社评，指出：“所谓的‘识正书简’是针对大陆而言，而台湾民众早就如此做了。只是我们所写的简体字是自古流传下来的字体，而不是大陆自创的简体字而已。”

我们从这篇报道中，很清楚地知道，“识正书简”和 1989 年袁晓园提出的“识繁写简”实质是相同的，就是要大陆放弃简化字，恢复繁体字。要说不同，袁晓园的“识繁写简”是为了“促进祖国和平统一”，而现任台湾领导人就只是为了“跟中华文化的古籍接轨”。这位领导人以为台湾的“识正书简”，比大陆的文字生活优越，“跟中华文化的古籍接轨”，似乎就占有了传统文化的高地。其实这种认识是不正确的。汉字的发展总趋势是由繁趋简。大陆推行简化字继承了五四新文化运动的传统，为中国实现现代化创造了文字条件。简化字易学便用比繁难的繁体字优越。至于说认识了繁体字就“能读二三千年前的文字”，这表明他并不了解汉字形体演变的历史。二三千年的中国用的是大篆、小篆和隶书，还没有楷书。请问那些从小学习繁体字的人能读二三千年前的大篆、小篆和隶书吗？想用“识繁写简”“识正书简”一类口号让中国内地“弃简复繁”，用老百姓的话说，就是“瞎折腾”！

海峡两岸同文同种，繁简字的差异并没有构成交际的严重障碍。当然这不是说一点障碍也没有，如果能把繁简字统一起来当然是好事。不过我们做事情要从实际出发，不能从主观愿望出发。让台湾采用大陆的简化字，目前做得到吗？让大陆恢复繁体字，目前做得到吗？现实的情况只能是维持现状，加强沟通加强交流。繁简字统一是统于多数人，还是统于少数人；是促进汉字向前走，还是拉着汉字向后退：这要在对汉字的深入研究中理智地培养学术共识。

近年来大陆又有人主张要“用简识繁”。提出的人解释说：“所谓‘用简’就是在印刷上、认读上、手写上用简；‘识繁’是在有限范围内、有限阶段内认识繁体字。这样，既可以使读者更广泛的阅读，又能使以繁体字为载体的、蕴涵丰富的传统文化遗产传承下来。”这种主张和袁晓园的主张确有不同，因为它坚持“在印刷上、认读上、手写上用简”，而不是“印刷用繁体字，手写用简化字”。可是印制古籍一定要用简吗？《国家通用语言文字法》第十七条规定有六种情况可以使用繁体字和异体字。“在有限范围内、有限阶段内认识繁体字”，这种说法有很大的模糊性。如果解释为“在中小学的范围内，在基础教育阶段认识繁体字”，这和《国家通用语言文字法》的规定还是不一致。至于说“可以使读者更广泛的阅读”，要说清楚读现代白话文还是读文言文。读现代白话文只认识简化字就够了，可是要读文言文只认识繁体字却是远远不够。是要“使以繁体字为载体的、蕴涵丰富的传统文化遗产传承下来”吗？大众不必认识繁体字，而专业人员学会繁体字就可以达到这个目的。如果以“用简识繁”的名义让广大中小学学生，在简化字之外再去学繁体字，试问这有多大的可行性呢？

七、“弃简复繁”不可取

大陆推行汉字简化50多年，风平浪静，波澜不惊。据2004年公布的数据，平时主要写简化字的占被调查人数的95.25%。这说明简化字已经为广大民众所接受。可是近几年，主张“弃繁复繁”的声浪突然高涨。提出这种建议的有知名度甚高的歌唱演员，有声誉卓著的老学者，还有政协委员、人大代表等等，就是罕见普通的工人、农民和知识分子。有的报刊不发表肯定简化字的文章，却不惜篇幅向读者推荐反对简化字的作品，不知道它们要把读者引导到哪里去。简化字真的出了什么问题吗？五四开始的语文改革错了吗？新中国继承并发扬五四语文改革的精神，推动语文改革错了吗？答案是否定的。社会思潮起变化，文化风向在转变，使得有的人模糊了视线，看不清汉字简化里的是与非。

周有光说：“世界文字，包括汉字和外国文字，都有‘删繁就简’的自然演变。古代两河流域的‘丁头字’（楔形字）和古代埃及的‘圣书字’，都有明显的简化。”[③]汉字也不例外。汉字简化代表了汉字前进的方向。大陆推行简化字50多年，两三代人学的都是简化字。简化字应用到社会生活的方方面面，用简化字出版的书刊报纸多得无法胜数，没有遇到什么问题。简化字已经在国家的公务、教育教学、新闻出版、信息处理以及公共服务行业中得到广泛的应用，占据了绝对优势。简化字在国际汉语传播中已经成为强势。文化传承并没有像有些人担心的因为使用简化字而中断，中国内地与港澳台的联系也没有因为使用简化字而受阻。有人说，使用繁体字可以提高民众的道德修养、文化操守。我们没有看到有力的事实证明这种观点。总之，“弃简复繁”的理由没有一条能够成立，没有一条反映了广大民众的心声。我们没有任何理由放弃简化字、恢复繁体字。

简化字的根基在民众之中。胡适说：“我是有历史癖的；我深信语言是一种极守旧的东西，语言文字的改革绝不是一朝一夕能做到的。但我研究语言文字的历史，曾发现一条通则：在语言文字的沿革史上，往往小百姓是革新家而学者文人却是顽固党。从这条通则上，又可得一条附则：促进语言文字的革新，须要学者文人明白他们的职务是观察小百姓语言的趋势，选择他们的改革案，给他们正式的承认。”⑤

语文改革历来都会有反对的声音，这是不足为奇的。反对的声音可以得势于一时，但终究不会改变语文改革的前进方向。鸦雀无声反而是反常的。多元化社会要容许不同的声音存在，但是不能容许错误的东西到处传播害人。从这个意义讲，最近几年有关汉字简繁体的争论是件好事，通过争论可以分清是非，提高人们的分辨能力，促使语文改革更好地前进。

八、简化汉字60年的小结

1. 汉字简化60年，成效显著，利国利民。汉字已经进入了简化字时代。“从汉字历史发展轨迹看，一旦某种字体被另一种字体替代退出通用领域，也就再也不能‘复辟’重新回到主体地位，因此，现在及将来终归难以回归繁体字。”⑥社会思潮潮起潮落，汉字由繁趋简的走势不变，汉字简化的方向不变。

2. 自古至今，汉字的形体几经改变，古籍用字也几经改变。先秦文献最初都不是用繁体字写成的，是后来才改为繁体字的。用繁体字的古籍和用简化字的古籍内容相同，把繁体字改为简化字不影响文化的传承。简化字易学便用，用简化字的古籍更容易阅读，更有利于文化的传播。“简体字割断了传统文化”和“读古文须读繁体字”的提法都是不能成立的。

3. 海峡两岸同胞同文同种，讲的是相同的语言，使用的是相同的文字。繁体字、简化字都是汉字体系的文字，都植根于中华文化传统，都是传承、弘扬中华文化的重要载体。大陆没有废止繁体字，只是缩小了繁体字的使用范围。大陆对部分笔画繁多的汉字进行了简化，而简化字绝大多数来自历代的俗字，有一些来自草书和行书，还有一些竟然是“古本字”。简化字只占通用字的三分之一，汉字简化没有使汉字分化为简繁两个系统。

4.《国家通用语言文字法》规定：“国家推广普通话，推行规范汉字。”由政府公布推行的简化字属于规范汉字。《国家通用语言文字法》还规定：有下列情形的，可以使用繁体字、异体字：（1）文物古迹；（2）姓氏中的异体字；（3）书法、篆刻等艺术作品；（4）题词和招牌的手书字；（5）出版、教学、研究中需要使用的；（6）经国务院有关部门批准的特殊情况。我们要认真执行上述规定，不要在《国家通用语言文字法》之外另提口号。

［附　注］

①陈光垚《简化汉字字体说明》第54页，中华书局1956年版。

②刘伯璜《〈简化字总表〉的优点》，《光明日报》1965年7月21日。

③綦晓芹《周有光的汉字繁简观》，《社会科学报》2009年5月14日。

④陈一、詹人凤《评对“识繁写简”的新解释》，《语文建设》1993年第1期第34－35页。

⑤胡适《〈国语月刊〉“汉字改革号”卷头言》。

⑥于虹《用理性吹散蒙在简化字上的迷雾》，《中国教育报》2009年7月5日。

（《语言文字应用》2009年第4期）

树立科学汉字观，正确认识繁简字

——接受《北华大学学报》编辑李开拓先生的访谈

李开拓（以下简称李）：苏教授，我们注意到，近期社会上关于繁简字问题的争论引起了广泛的关注，从“两会”代表到语言文字学的学者，从文化学、文学、社会学、历史学等领域的专家到各行各业的民众，观点不一，各执已见，争论异常激烈。依您看，这场争论的根源在哪里，争论的实质是什么?

苏培成（以下简称苏）：汉字简化是汉字发展的必然。新中国建立后，继承五四语文改革的传统，大力推动汉字简化。由于方针正确、措施得当，广泛吸收各方面的意见，方案比较成熟，简化字的推行非常顺利。广大民众和知识界的主流是支持简化字的。据2004年发布的“中国语言文字使用情况调查资料”提供的数据，平时主要写简化字的占95.25%，主要写繁体字的占0.92%，繁简两体都写的占3.84%。这个数据说明，汉字已经进入了简化字时代。在简化字推行的前五十年里，反对的声音不多，可是近两年突然增多了。是简化字本身发生了什么变化吗？没有。那么是什么原因引起了如此广泛的争论呢？我想主要是思想政治环境的改变和社会思潮的改变。反对简化字的声音来自两个方面。一方面是知识界里有些人出于对国家文化建设、对继承传统文化的关注，从学术上、从应用上对简化字提出了一些不同的看法。他们不是要否定简化字，而是希望把汉字简化工作做得更好。另一方面是由于社会思潮发生了变化。有些学术精英对五四新文化运动提出质疑，对新中国建立以来的语文工作持否定的观点，他们从中国社会整体发展的角度观察汉字问题，主张“弃简复繁”，而且有些意见已经超出了语言文字学领域。例如，有人认为简化字应该叫“毛体字”；有人认为“新文化运动的一项重要后果，就是引发了现代性崇拜和革命狂想”。

李：有人说：“几千年繁体字的历史比几十年简体字的历史重要得多。”这种说法有没有事实根据？

苏：这种说法没有事实根据。古文字学家陈炜湛教授指出：“汉字简化实始于商代，始于甲骨文。”[①]甲骨文存在着大量的繁简两体并用，而简体的使用频率高于繁体。例如，甲骨文“渔”字有繁有简，繁的从水从四鱼，简的从水从一鱼。有四个鱼的是渔的古体，也见于殷商金文。甲骨文里从四鱼的仅二例，从一鱼的有四十余例。又如，甲骨文“涉”字有繁有简，繁的从水从四足，简的从水从双足。繁的仅一例而简的习见，为后世“涉”字之所本。这不是个别的现象，而带有相当的普遍性，可见简体字和繁体字的历史同样古老。

殷商时代有金文也有甲骨文，二者是同时代的。有的金文象形味极浓、带有图画组合意味，只是在狭小的范围，也许是很重要的场合内使用；而日常使用、刻在甲骨上的是比较简便的通行文字。在一定的意义上可以看作类似繁体和简体。例如“伐”字，像以手持戈砍人头的样子。金文十分繁复，甲骨文已经有所简化，而简化了的甲骨文更为通行。

现行的简化字绝大多数来自古代的“俗字”，有一些来自草书和行书。据统计，《简化字总表》第一表和第二表共有简化字388字，其中来自先秦有49字，占12.63%。例如，做跟随讲的“从”来自甲骨文，后来加走之旁（辵）成为“從”，演变为楷书的繁体字。汉字简化时去掉走之旁采用古本字“从”。简化字“从”的历史，比带走之旁的“從”的历史还要古老。

李：有人说：“繁体文本代表着文明的记忆、流逝的岁月以及柔软温存的部分，而简体字则是革命、现代性和坚硬冷酷的象征。”您怎么看这个问题？

苏：到过厦门海边的人都知道，厦门海边面对金门有一条大字标语，写的是“一国两制统一中国”，用的是简化字；在金门面对大陆也有一条大字标语，写的是“三民主義統一中國”，用的是繁体字。按照某些人的说法，繁体字的“三民主義統一中國”柔软温存，而简化字的“一国两制统一中国”就坚硬冷酷，这说得过去吗？显然是说不过去的。这种看法错在哪里呢？错在把语言文字这种交际工具，和用语言文字写出来的文本混为一谈。语言学告诉我们，不论繁体字还是简化字都没有阶级性，根本谈不上什么“柔软温存”或者“坚硬冷酷”。如果文本的内容是“柔软温存”的，不论用的是繁体字还是简体字都是“柔软温存”的；反之也一样。这是语言文字学的基本原理，不容歪曲。繁体字没有柔软温存的优点，简化字也没有坚硬冷酷的缺点。从文本的思想内容说，《国家通用语言文字法》第五条规定：“国家通用语言文字的使用应当有利于维护国家主权和民族尊严，有利于国家统一和民族团结，有利于社会主义物质文明建设和精神文明建设。”不论用的是繁体字还是简化字，都应该遵守上述这些政治思想原则。

李：有人说：“新月派诗人暨古文字学家陈梦家先生，因反对文字改革而犯下重罪，沦为‘右派分子’，在‘文革’中含愤自尽，成为汉字革命中最著名的祭品。而简化字运动的战车，碾碎的并非只是陈梦家一人，而是一个庞大的‘右派’群体，以及所有对文化大跃进说‘不’的知识分子。”您怎么看这个问题？

苏：碾碎陈梦家先生和“右派”群体的不是简化字，而是严重扩大化了的反右派斗争。简化字和繁体字同样是交际工具，它们本身不会发出什么动作，不会伤害什么人，所以陈梦家受伤害的这笔账不该算到简化字的头上。

李：在最近几个月看到的有关繁简字的争论中，不止一个人把简化汉字和毛泽东主席在20世纪50年代提出的汉字走拼音化道路联系起来，认为这是简化字的“原罪”。有人说：“推行简化字是为实现汉字拼音化做铺垫，目标是靠近拼音化，当前拼音化已经不再提起，所以简化字存在的理论也就不存在了。”这种看法对不对？

苏：毛泽东主席在1951年说过：“文字必须改革，要走世界文字共同的拼音方向。”1958年1月，周恩来总理在《当前文字改革的任务》的著名报告里说：“这个问题我们现在还不忙作出结论。”1986年举行的全国语言文字工作会议重申了周总理的意见。因此，拼音化问题不属于国家的语文政策，而属于学术研究的问题。在今天，断言汉字一定要拼音化，或者一定不能拼音化，都为时过早。但是不管将来是不是实行拼音化，在当前和可以预见的未来，汉字都还要用。为了减少汉字学习和使用的困难，都要实行汉字简化。汉字简化和拼音化是两件事，没有因果联系。拼音化是要用拼音文字代替汉字，汉字都不用了还简化它干什么？认为简化汉字是为了使汉字靠近拼音化，完全是信口开河。汉字是表意文字，简化汉字并不能改变汉字的基本性质，并不能使汉字变为拼音字。把没有因果联系的两件不同的事硬要联系在一起，由否定拼音化进而否定简化字，并进而认为简化字带有“原罪”，这些“理由”都是不能成立的。简化字是群众创造的，它有利于学习和使用，有利于发展教育，与“原罪”完全不相干。前面说过，甲骨文时期就有简化字，谈得上什么“原罪”吗？1935 年 8 月，南京国民政府教育部公布《第一批简体字表》，表内有简体字 324 个，这些简化字也谈不上有什么“原罪”。新中国成立后，继承了自 20 世纪初开始的简体字运动，把国民政府想做而没有做成的汉字简化做成了，给民众带来了方便，怎么就变成了“原罪”呢？提出汉字带有“原罪”的只是个别人，没有群众基础。简化字多数来自中国古代，和繁体字一样是老祖先留给我们的宝贵财富，不要给简化字泼脏水。

认为“推行简化字是为实现汉字拼音化做铺垫”，这种说法缺乏语言学的基本常识。“靠近拼音字”的说法完全是出于编造。持这种主张的人以为拼音化必须首先要简化，经过简化才能实现拼音化。不是的，汉字简化和实现拼音化没有必然的联系。简化字依旧是汉字，汉字原有的优点和缺点都没有变化。简化字和拼音字是不同性质的字，简化字不会自动发展为拼音字。用臆想的规律来否定简化字没有说服力。

李：有人说：“简化字是资源匮乏年代的产物。”“改革开放三十年来的中国已彻底告别了资源匮乏的日子，丰富的生活需要丰富的文化资源，也需要丰富的思维和深刻的思想。告别简化字，是告别贫匮的生活，也是告别简单的思维，更是告别一种粗暴的简陋的生活方式和精神导向。”这种说法对吗？

苏：这种说法完全不对。提出这种看法的人说：“甲骨文出现在远古蛮荒时代，表明人类物质资源的高度贫乏，因为缺少书写工具和载体，只能在甲骨上刻写简单的符号。”英国学者丹尼尔在他所著的《最初的文明》一书中提出由野蛮进入文明的三个要素，就是：一有 5000 人以上的城市，二有文字，三有大型的礼仪性建筑。考古发掘证明殷商时代完全符合这三个条件。殷墟的发现震惊世界。殷商时代根本不是什么远古蛮荒时代，而是文明高度发达的社会。由于社会高度发达，对文字的需求增多，繁体字不方便使用，才出现了简体字。殷商时代的金文和甲骨文，是成熟的文字，不是什么“简单的符号”。提出这种看法的人随意编造历史，不懂甲骨文，应该知道强辩无法改变事实，无法变无理为有理。

在当代，从1949年新中国的建立到1956年，中国共产党领导全国人民实现了从新民主主义到社会主义的转变。我们迅速恢复了在旧中国遭受严重破坏的国民经济，全国工农业生产1952年年底已经达到历史的最高水平。《汉字简化方案》就是在这样的年代产生的，把这样的年代说成是“资源匮乏的年代”，完全是信口开河。由繁到简是语文演变的基本规律。在当今世界上，英语是事实上的世界语，使用英语的美国是世界上唯一的超级大国，是世界上最富有的国家。美国英语是不是要由简到繁呢？正相反，当前的美国英语正在由繁趋简。实行改革开放的中国，聚精会神搞建设，一心一意谋发展。这个时期的中国要发展经济发展教育，更需要效率高、易学便用的简化字，怎么应该抛弃简化字吗？这不是要把我们的文字生活引上歧途吗？这是个简化字大显身手的时代，我们要坚持使用简化字，绝没有“弃简复繁”的道理。根据2004年发布的调查数据，在当今的中国，平时主要写简化字的占95.25%，而平时写繁体字的只占0.92%。谁能说这些平时写简化字的人过的是“贫匮的生活”，“简单的思维”和“粗暴的简陋的生活方式和精神导向”？按照提出这种主张的人的观点，似乎我们一旦改用了繁体字，就能“彻底告别了资源匮乏的日子”，享有“丰富的文化资源”和“丰富的思维和深刻的思想”。“弃简复繁”没有这种效力，只会使文字生活严重倒退，只会造成文字应用的混乱。提出“简化字是资源匮乏年代的产物”的人，任何强辩都无济于事，严重的后果你承担不起。

李：有人说：“简化字割断了传统文化，造成文化断裂。”“简化字明显损害了中华民族文化的根脉”，所以必须“弃简复繁”。这是说法有道理吗？

苏：前面说过，殷商时代的甲骨文里面就有了简体字。按照主张“简化字割断了传统文化”的人的逻辑，殷商时代中国文化就已经发生了断裂，此后三千多年的中华文化又是从哪里来的呢？新中国在1956年开始推行《汉字简化方案》，至今已经长达半个多世纪，那么中华文化的断裂至少已经有了半个多世纪了。中国的现实是这样的吗？

汉字由繁趋简，是时代发展的需要，也是继承传统文化的需要，简化字根本不会割断传统文化，造成文化断裂。《论语·学而》一开头：“学而时习之，不亦说乎？”这是简体的写法；“學而時習之，不亦説乎？”这是繁体的写法。一简一繁，记录的是同一条《论语》，读音一样，意思一样，讲的都是求学的方法，怎么繁体就能传递中国文化，而简体就使中华文化断裂了呢？“学而时习之”的“时”字，有人解释为“时常”“常常”，有人解释为“以时”“在一定的时候”。其中的“习”字，有人讲为“温习”，有人讲为“实习”。一个“说”字，假借为“悦”，而且也读为“悦”。文字是用来记录语言的。不论是繁体还是简体，记录的语言是相同的，表达的意思也是相同的，由繁体改为简体，记录的语言一点没有改变，怎么会造成文化断裂呢？

再从阅读古书说说这个问题。有人说：“不认识繁体字不能读古书，还怎么能继承传统文化？”不认识繁体字自然无法读懂用繁体字印制的古书，可是如果把古书改为简化字，不认识繁体字、只认识简化字的人不同样能读古书吗？有人说：“简化字印的古书不是古书，只有用繁体字印制的书才是古书。”说这话的人在心目中以为，先秦古书用的就是楷书繁体字，自古至今没有变化，其实不是这么一回事。下面我们以《论语》为例，看看古书用字的变化。《论语》这部书大约是在战国初期编辑成书的，那时东方各国通行的文字是古文。据《汉书·艺文志》记载，汉武帝末年，鲁共王为了扩大自己的住宅要拆掉一部分孔子的旧宅，结果在旧宅的墙壁里发现了一批秦始皇焚书时藏匿起来的古书，其中有《古文尚书》《礼记》《论语》等。这些书用的是战国古文，当时一般人都不认识，只好请专家改写为汉代的隶书。楷书繁体字出现于东汉末，在《论语》成书的年代还没有呢！楷书繁体字印制的《论语》，根本不是最初的《论语》，要读原汁原味的古书只有去读使用古文的《论语》，而这种《论语》并没有流传下来。可见传世古籍在用字上已经变了几次，而古代文化依旧传承了下来。

不认识繁体字自然无法阅读用繁体字印制的古书，可是认识了繁体字不等于就能读懂用繁体字的古书。要读懂古书不但要过繁体字这道文字关，还得过古代汉语这道语言关，可见学会阅读古书是道高门槛，不专门下苦工是跨不过去的。这有点像认识了 26 个罗马字母不等于就能读英语书报一样。《孟子》书里有“孟子去齊”这句话，认识了“齊”是“齐”的繁体字，如果不懂得《孟子》书里“去”的意思还是读不懂。有人就把这句话理解为孟子去到齐国，实际这句话说的意思是孟子离开了齐国。能读繁体字古书并不是一般民众必须具有的语文能力，只能是对专业学者提出的要求。一般人不认识繁体字没关系，有关文史哲专业的研究人员他们能读古书、用古书，通过他们把古代文化传达到一般民众。古书不会失传，古代文化也不会失传。

推行简化字不会造成文化断裂，看看中国内地推行简化字以来的情况就可以放心了。因为用繁体字印制的古书安然无恙，妥善地保存在那里。只要你具有阅读古籍的能力，什么时候想读什么时候就可以拿来读，怎么会断裂呢？这几年国家印制《中华再造善本》，延长了古书的寿命，使得一批只有孤本传世的古籍扩大了流通领域。退一步说，如果传统文化这么脆弱，又怎么能历经几千年的磨难，流传至今呢？

李：有人认为，“繁体字‘愛’里面有心，是有心之爱，而简化字‘爱’去掉了心，成为无心之爱，违背了汉字的艺术性和科学性。”您怎么看这个问题？

苏：汉字是表意文字，字数繁多，结构复杂。汉字的字形经过长期的发展演变，不少字产生了讹变，失去了原有的构字理据。字义的变化同样也十分复杂，除了本义外，还有引申义、假借义等等。我们不能无根据地随意解说字形和字义，也不能用古代汉字的构字条例随意曲解简化字。随意曲解简化字，是对汉字的破坏，是对中华文化的损害。根据《说文》，繁体字“愛”是形声字，本义是行走的样子，后来假借为喜爱的“爱”。“愛”的下一半“夊”是意符，读 suī，是由止（趾）变来的；上一半是音符，其中的“心”并不表义。从小篆的字形说，繁体字“愛”也是无心之爱。用繁体字“愛”来说明简化字缺少艺术性和科学性是站不住的。简化字是广大民众在千百年中约定俗成的产物，有自身的构字条例。简化字的构形原则与繁体字一样，也是符合美学原则的，并不缺少艺术性。如果个别简化字构形确实不美，在一定条件下可以修改，不能抓住个别例子，否定简化字的整体。

李：有人把简化字说成是“山寨版的汉字”，您同意这种说法吗？

苏：不同意。“山寨”是近年来在民间 IT 业产生的一个新词，特点是盗版、克隆、仿制等，它带有的附加意义是低档、粗俗、廉价等。用“山寨”来说简化字完全不合适。简化字和繁体字一样是汉字，都是我们老祖宗的创造，完全谈不上什么“盗版、克隆”。简化字是经国务院批准的正式文字，属于规范汉字，完全谈不上什么“低档、粗俗、廉价”。把简化字说成是“山寨版汉字”，违背了《国家通用语言文字法》的规定，贬低了规范汉字的价值，给汉字的应用造成了混乱。我们反对这种说法，事实上也没有人接受这种说法。

李：有人认为废除简体字有利于海峡两岸的统一。这种认识正确吗？

苏：造成一个民族、一个国家的分裂和统一有多种原因，主要是政治、经济、军事、民族等方面。语言文字属于软实力，有关系但一般不是决定性的。战国时期，秦国先用武力统一了六国，然后才有书同文的政策。1949 年新中国建立，国民党退守台湾时，两岸用字完全一致，可是两岸却出现了分裂。

目前，海峡两岸尚未统一，认为改用繁体字可以推动两岸的统一，是一种幼稚的想法。两岸的分裂不是由大陆推行简化字造成的，台湾方面也没有以统一汉字作为两岸统一的先决条件。文字不能代替政治。就文字论文字，我们不能因为台湾出版物用的是繁体字，便认定台湾民众反对简化字。台湾多数民众，包括它的领导人，手头书写常写简化字，与大陆在推行简化字前一样。繁体字的“臺灣”实在太繁，使用频率远远低于简化字的“台湾”。台湾制订的《常用国字标准字体表》把“灶”定为标准字，繁体的“竈”改为或体。台湾有家上海书店，专门销售简化字版图书，生意没有因为简化字受到影响。两岸汉字统一当然是好事，但是如何统一，统一到简化字还是繁体字，有许多问题需要研究。如果从汉字发展的趋势看，简化字比繁体字走在前面，代表汉字演变的方向，不过台湾方面目前未必能够接受这种看法。让大陆十三亿民众放弃使用了半个多世纪的简化字恢复繁体字，没有道理。绝大多数人不会同意。

李：我记得前些年在《汉字文化》杂志上，有人提出了“识繁写简”的主张；不久前又有人提出“识正书简”，要用它来统一海峡两岸的繁简字。您对这个问题是怎么看的？

苏：在1979年1期2期合刊的《汉字文化》杂志上，有人发表文章提出要“识繁写简”。“识繁写简”的具体内容是“把繁体正字作为印刷体，把简化字作为手写体”。在1956推行《汉字简化方案》以后，大陆用简化字作为印刷体，而“识繁写简”却要把繁体字作为印刷体，实际就是要退回到汉字简化以前的状况，自然要受到人们的反对。“识繁写简”的主张因为没有人拥护，不久也就销声匿迹了。

过了将近三十年，不久前又有人提出了“识正书简”，据说是可以用来解决海峡两岸的汉字统一问题。我们认为，简化字和繁体字都是汉字，都属于汉字系统，并不是两种不同的文字。它们都植根于中华文化，都是传承和弘扬中华文化的重要载体。两岸同胞同文同种，说的是相同的语言，用的是相同的文字，所不同的只是大陆对部分汉字进行了整理和简化。大陆并没有废除繁体字，繁体字在一定范围内继续使用。海峡两岸使用的汉字虽然存在着繁简的不同，可是对交际没有造成大的隔阂。如果能够实现文字完全统一，自然也是两岸同胞所乐见的。如何实现两岸汉字统一，要从实际情况出发。让台湾马上采用简化字是不现实的，让大陆马上恢复繁体字也是做不到。“识正书简”的口号是向大陆提出来的。“识正”就是“识繁”，“识繁”的目的是“用繁”，“用繁”不但是用来读古书，而是指现代的书报以及一切印刷品，都要改为繁体字。大陆推行简化字50多年，经历了两三代人，使用中已经成为习惯。要求13亿人改变用字习惯，没有必要，也没有可能，广大民众不会同意。汉字发展的总趋势是由繁到简，大陆推行简化字符合汉字演变的总趋势。“识正书简”在操作上也存在不合理的地方，尤其在教育领域。要求学生认繁体字，写简化字，不但会增加学生的负担，而且极易造成社会用字的混乱。关于汉字的繁简分歧，当前只能维持现状，求同存异，同时加强交流和沟通，逐步缩小分歧。随着两岸的交流、沟通与合作的加强，两岸民众在文字使用上的交流会更为方便。

李：下面我们对这场有关简繁字的争论做个简要的小结。

三千多年来汉字演变的总趋势是由繁到简。新中国推行简化字符合汉字演变的规律，满足广大民众学习和使用汉字的要求，是一项成功的文化建设工程。50多年来，简化字受到广大民众的欢迎，汉字已经进入了简化字时代。《国家通用语言文字法》第三条规定：“国家推广普通话，推行规范汉字。”而规范汉字就包括了政府推行的简化字。中国内地并没有废除繁体字，《国家通用语言文字法》第十七条规定了繁体字使用的范围。这些规定是科学的，在实践中已经证明是适合实际情况的。因此我们要认真贯彻执行《国家通用语言文字法》，让简繁汉字在小康社会建设中发挥积极的作用。

［附　注］

①陈炜湛《汉字简化始于甲骨文说》，载《语文现代化论文集》第282页，商务印书馆2002年版。

（《北华大学学报》2009年第5期）

类推简化和类推繁化

从简化字与繁体字之间的关系说，《简化字总表》里使用的简化方法有两种，就是个体简化和偏旁类推简化，“書”简化为“书”，“辦”简化为“办”。“書”和“辦”的简化不影响其他繁体字的简化，这是个体简化。偏旁“釒”简化为“钅”，凡是带偏旁“釒”的字都要把“釒”简化为“钅”，如“銅”简化为“铜”，“鋁”简化为“铝”。一个偏旁的简化类推出一批具有相同偏旁的字的简化，这是偏旁类推简化。1935 年国民政府教育部公布的《第一批简体字表》只有个体简化，没有偏旁类推简化，得到的简体字只有 324 个，数量较少。《简化字总表》采用了两种简化方法，得到了 2235 个简化字，占通用字的三分之一，数量大大增加了。而这 2235 个简化字里面的四分之三是偏旁类推简化字，可见偏旁类推简化的作用是很大的。现实的语文生活不断发展，现在我们不但有偏旁类推简化字，还有了偏旁类推繁体字。

1998年全国科学技术名词审订委员会化学名词审订分委员会为新发现的第105—109号元素新造了5个化学字，得到了国家语委的批准。这5个新造字就是“钅卢、𬭊、𬭳、𬭛、𬭶”。2004年上述的委员会又为新发现的第110号元素新造了个“𫟼”字，也得到了国家语委的批准。因为中国内地以简化字为规范字，新造的这6个字都用到了简化偏旁“钅”。这6个字不是由偏旁类推简化而产生的，在《简化字总表》里找不到。它一出世就带着简化偏旁“钅”，而没有相应的带着偏旁“金”的繁体字。可是在语文辞书里，在这6个简化字的后边要附上带有“金”字旁的繁体字。为什么要附上相应的繁体字呢？因为有实际需要。在中国内地，今天的汉字文本实际存在着简和繁两种体式。这个新造的简化字一旦出现在繁体字文本里面，受到文本用字的制约，必须使用繁体字，而不能使用简化字。在这种形势下，这6个不是由偏旁类推简化得到的简化字要逆类推，类推出6个相应的繁体字，不这样就会产生简繁混用的毛病，破坏汉字文本的统一和规范。这种偏旁类推繁化是以前没有遇到过的现象。

这种现象值得研究。在这里我们要强调一个事实：实施汉字简化以后，汉字文本出现了简和繁两种体式，两种体式各自成为系统。这是我们必须面对的事实。在现行的通用汉字中，有三分之二的字不分简体和繁体，例如“人、美、繁、鼓、鼻”，而其余的三分之一的字存在着简体与繁体两种体式。以上说的三分之二和三分之一，是静态统计的结果；如果使用的是动态统计，结果又有不同。因为简化字大多是常用字，其中还包括不少高频字。如果采用动态统计，区分简和繁两种体式的字大约要占到文本用字的二分之一以上。

我们并不赞成新造汉字，可事实上有时又不得不造几个字。传统的繁体字不可能完全不用，推行了几十年的简化字更不可能废弃，所以汉字文本简和繁两种体式必须要长期存在。我们在指导汉字规范化工作时必须要考虑这种现实。情况既然是这样，我们希望简体和繁体汉字之间的对应和转换要更简明、更有规律，这是关系到子孙后代的大事情。我们要根据这种认识，重新审视《简化字总表》，对那些简繁关系不易转换的字做出必要的调整。从文字应用说，简化字属于规范汉字。按照《国家通用语言文字法》的规定，在一般情况下要使用简化字，只有在特殊情况下才能使用繁体字。因为简和繁两种体式各自成为系统，我们要坚决避免简繁混用，包括题词和招牌的手书字，简繁混用不符合汉字规范化的要求。例如文学家钱钟书的名字，用繁体字书写是“錢鍾書”，而不能繁简混用写成“钱锺书”。

（《语言文字周报》2005年6月15日）

汉字繁简体的使用与传统文化的继承

2006年8月9日《中华读书报》发表署名冀勤的文章《再说汉字繁简体使用》，现在我写这篇短文作为对冀文的回应。

冀文指出我国使用繁体字的古籍浩如烟海，这些古籍中包含着丰富的传统文化，我们要充分地开发利用。冀文赞扬了近一两年，在重视传统文化方面取得的进展，又转述了钱学森、任继愈二位老专家提出的要重视人文科学、社会科学的意见，这些看法都是正确的。可是冀文论述的重点并不在这里，而是如文章标题所指明的，是讨论“汉字繁简体的使用”。冀文申明不反对简化字，但是主张要“对简化字认真总结一下实施半个世纪以来的经验”。冀文借别人的口说：“汉字简化，可否‘后退’半步？”又是借别人的口说：“文化水平高的用繁体字，文化水平一般的用简化字”。透过那些委婉曲折的说明，冀文表达出来的意思是：要继承传统文化就要读懂古籍，要读懂古籍就必须认识繁体字，所以要调整现行的汉字政策，扩大繁体字的使用。

自1956年国务院公布《汉字简化方案》开始推行简化字，到今年整整五十年。在这五十年内，用繁体字出版的古籍，包括影印的和重排的，数量很大，影响深远。正如冀文所说，文渊阁四库全书影印出版了，《中华再造善本》工程出版了近五百种珍稀孤本善本等，这些都没有因为推行简化字而受到影响。我们必须看到正是因为有了简化字，才有了众多的简体横排的古书今译本，传统文化的影响因而得以扩大；正是因为有了简化字，才有了现代学者用简化字写出来的研究传统文化的众多论著。因此我们说，推行简化字不但没有妨碍传统文化的继承，相反为继承传统文化提供了新的契机。

继承传统文化和认识繁体字是什么关系呢？其实继承传统文化有两种主要方式，就是直接继承和间接继承。直接继承是指由研究传统文化的专家学者来继承。这些专家学者掌握丰富的专业知识，能够直接阅读古籍，并对古籍里记载的传统文化进行研究，“剔除其封建性的糟粕，吸收其民主性的精华”，然后写出深浅程度不一的研究著作，供社会上不同水平的读者选择阅读。间接继承是指通过阅读由专家学者对传世古籍进行整理、编选、注释、今译和分析写出的各种著作来继承传统文化。绝大多数的人都是通过这种方式来继承传统文化的。冀文说：“美国大兵奔赴战场每人要带上一本我们的《孙子兵法》。”我猜想美国大兵携带的《孙子兵法》一定不是用繁体汉字印制的版本，也不是译成古代英语的版本，而是译成现代英语的版本。如果要搞直接继承，美国大兵为了能够阅读用繁体汉字印制的《孙子兵法》，人人都去学繁体汉字，这可能吗？抗美援朝的时候，清华大学中文系的古典文学专家写了一本《祖国十二诗人》，受到读者的热烈欢迎，那时的许多年轻人就是通过这本书开始接触古代的传统文化。为什么不去搞原汁原味的直接继承呢？因为办不到。因为大多数古籍用的是文言，所以要能读懂古籍不但要认识繁体字，还必须掌握浩繁的与古籍相关的知识。著名的文学史家游国恩先生指出：古典文学学习中的“关卡”太多，因而必须具备历史、地理、音韵、训诂、版本、目录、校勘等多方面的知识。有人误以为只要认识繁体字，就可以读懂古籍，而实际情况并不是那么一回事。试想：在1956年大陆推行简化字以前，识字的人学的都是繁体字，他们能读懂古籍吗？在没有推行简化字的台湾和香港，每一个识字的人都能读懂古籍吗？答案自然是否定的。《尚书·尧典》开头是“曰若稽古”，这四个字没有繁简体的分别，认识这四个字就能懂得它的意思吗？把“七月流火”（意思是到了夏历七月大火星就偏了西，暑气将要退去）误解为七月的天气十分炎热，这和简化字没有关系；把晋宋的俗语“宁馨”（意思是如此、这样）误解为宁静、温馨，这也和推行简化字没有关系。可见，能读懂古籍是道高门槛。这不是古籍无情，故意与今人为难，而是因为语言文字是发展变化的，只知今不知古自然无法直接与古人沟通。至于冀文转述的让“文化水平高的用繁体字，文化水平一般的用简化字”，行不行呢？这是不切实际的空谈。按照这种设计，各种印刷品都要出版繁简体两种版本，徒然增加汉字的学习和使用的成本，浪费社会财富。更为严重的是，当那些文化水平一般的人要和文化水平高的人进行书面交际，是用繁体字还是用简化字呢？统一的社会必须有统一的语言和文字。在当今的中国，统一的语言就是普通话，统一的文字就是包括简化字在内的规范汉字，而不是已经简化了的繁体字。

我们推行简化字是为了提高学习汉语文的效率，减轻学习汉语文的负担。推行简化字就必须实行“以简代繁”，限制繁体字的使用范围，而限制繁体字的使用范围并不妨碍继承传统文化。由繁趋简是一切文字演变的总趋势，可是在古代的中国，这个规律受到扭曲。繁难的汉字受到保护，一点一画无非地义天经，不得有丝毫改变。为了实用的方便，人们不得不在繁体字外创造了许多简体字。这些简体字虽然得不到应有的地位，但是却有顽强的生命力，在社会上广泛流传。这就造成了古代中国繁简汉字两体并存并用的局面：正式文书用繁体字，日常使用用简体字。繁简并用自然要加重学习汉字的负担。只有推行简化字，变繁简并用为单一使用规范汉字，才能满足信息化时代的汉字生活。《国家通用语言文字法》肯定了汉字改革的成绩，规定了科学的、切合实际的汉字政策，那就是大力推行包括简化字在内的规范汉字，同时规定了繁体字和异体字的使用范围，就是：（1）文物古迹；（2）姓氏中的异体字；（3）书法、篆刻等艺术作品；（4）题词和招牌的手书字；（5）出版、教学、研究中需要使用的；（6）经国务院有关部门批准的特殊情况。这些规定既保证了绝大多数民众使用规范汉字的权利，又满足了专家学者直接继承传统文化的需要。对绝大多数民众来说，只学习规范汉字就够了，不必学习那些已经简化了的繁体字；而冀文的主张是把对专家学者的汉字要求扩大化，让学生和一般民众都去学习繁体字，扩大繁简字并存并用的范围。这样做的结果并不能增加具有阅读古籍能力的人的数量，扩大直接继承传统文化的比重，而只能加重学生和一般民众学习汉语文的负担，增加社会用字的混乱。

（《群言》2006 年第 11 期）

正确对待繁体字的学习和使用

《现代语文》2003年第8期（高中版）发表了张诒三先生写的《认识繁体字　慎用繁体字》，文章就繁体字的学习和使用谈了一些看法。我读了以后有些不同的意见，现在写下来和张先生商榷，并请读者指正。

一、“规范汉字”并不就是《简化字总表》里的简化字。张文说：“国家关于汉民族的语文政策中就有‘学说普通话’和‘使用规范汉字’的要求，这‘规范汉字’就是《简化字总表》中公布的简化汉字。”这句话有两处不准确的地方。第一，《国家通用语言文字法》第三条：“国家推广普通话，推行规范汉字。”这是国家的语文政策。“学说普通话”和“使用规范汉字”是就个人的语文生活来立论的，不能说成就是国家语文政策。第二，“规范汉字”包括《简化字总表》里的简化字，但并不只是简化字。除了简化字以外还包括：《第一批异体字整理表》中的选用字，更改后的县以上地名用字，整理后的计量单位名称用字，经过字形整理由旧字形改为标准字形（新字形）的字。把“规范汉字”只限定为《简化字总表》里的简化字，与汉字的现状不符，给推行规范汉字造成了混乱。

二、现行的中学语文课程标准并不要求中学生学习繁体字。张文说：“掌握繁体字主要是阅读古代文化典籍的要求。”“要阅读古代文化典籍和阅读海外华文报刊，不掌握繁体字是不行的。”这样的话要看是对什么人讲的。如果是写给社会一般人看的泛泛而论，似乎没有什么不妥，可是发表在面向中学师生的《现代语文》上就很容易引起误解。中学语文教学并不要求学生掌握繁体字，国家也没有向社会各界提出学习繁体字的号召。中学语文课本从古代文化典籍里选了不少用文言写的文章，还选了许多在汉字简化以前用繁体字写的白话文，可是这些文章一律用简化字排印，而没有使用繁体字。中学生有愿意在课余学习繁体字的可以学习，不受限制；不愿意学的也可以不学，没有人能强迫他们去学。这几年出版了不少用简化字排印的古代文化典籍，不认识繁体字的中学生可以阅读这些简化字本。接触古代文化典籍，不一定非学习繁体字不可。为了阅读古代文化典籍而要求中学生掌握繁体字，超出了现行的教学要求，是不妥的。对文科大学生和研究中国古代文化的专业人员来说要求就不同了。他们必须掌握繁体字，而且要具有阅读文言文的能力。

三、不能为了理解汉字的造字意图而让中学生学习繁体字。张文说：“掌握繁体字也是准确理解汉字造字意图的必要手段，因为在简化汉字时，为了减少笔画，不少汉字的造字意图被破坏了，从简化字形有时难以看出一个汉字的真面目”。这话说得并不全面。要从汉字字形准确理解造字意图，谈何容易！要理解汉字造字意图，只认识繁体字是绝对不够的，还必须学习古文字。发生在秦汉间的隶变已经破坏了许多汉字的造字意图，简化字不是始作俑者。根据繁体字难以理解许多字的造字意图，例如“實、備、齣、義”是繁体字，单从字形上能说清它们的造字意图吗？张文说繁体字“鷄、歡、鄧”比简化字“鸡、欢、邓”容易说明造字意图，可是今天“鷄、歡、鄧”并不读“奚、雚、登”。要想把其中的道理说清楚，就需要懂得音韵学和训诂学，有必要讲给中学生吗？在基础教育阶段，只能从现行的规范汉字字形出发，介绍一些汉字构造的知识，有的字可以适当溯源。向中学生全面解释造字意图，是很难做到的。为了让中学生理解汉字的造字意图而让他们去学习繁体字。这样的要求不切合实际，也是难以认真贯彻的。

四、慎用繁体字的提法不符合《国家通用语言文字法》的规定。为了说明国家的文字政策，应该区分个人用字和社会用字。一个人写的字只给他自己看，不给别人看，例如记日记，这样的字属于个人用字；如果他写的字要给别人看，甚至要张贴出去，或者刊登在报刊上，这样的字就属于社会用字。个人用字怎么写都可以，写繁体或是写简体，写古文字或者自造字都可以，因为不会对别人发生影响。而社会用字则不然，它必须严格遵守现有的文字规范，而不能随心所欲，各行其是。例如“漢”和“書”本来是自古传承下来的楷书写法，是规范字。汉字简化以后，它们被“汉”和“书”所取代。“汉”“书”是简化字，“漢”“書”相应的变成了繁体字。国家推行简化字就是要以简代繁，而不是简繁并用，更不是简繁混用。“汉”“书”是规范字，“漢”“書”是不规范字。在社会用字方面，要用规范字，不用不规范字，这是明确的。像“漢”“書”这样的已经简化了的繁体字不是慎用，而是一般不用。至于什么时候可以使用，《国家通用语言文字法》第十七条有明确的规定，就是：（1）文物古迹；（2）姓氏中的异体字；（3）书法、篆刻等艺术作品；（4）题词和招牌的手书字；（5）出版、教学、研究中需要使用的；（6）经国务院有关部门批准的特殊情况。这是国家制订的使用繁体字和异体字的政策，“慎用繁体字”的提法不符合这个政策。这几年有些地方滥用繁体字成风，繁体简体混用成灾，破坏了汉字规范，造成了社会用字的混乱。我们要通过贯彻《国家通用语言文字法》来逐步扭转这个局面，在这个时候提出“慎用繁体字”是不合适的。

总之，面向中学语文教学讨论繁体字的学习和使用时，要全面分析中学语文教学和繁体字的关系，要准确地解释国家的语文政策，不能用个人的想法代替国家的语文政策。如果你对现行政策有不同的看法，可以提出来讨论，不过那种文章不适合刊登在《现代语文》这样的教学刊物上。最后，张文倒数第二自然段出现了三次“毂”字，自然应该是“縠”字。我想这不会是原稿里的错字，很可能是由校对不精而造成的差错。

（《现代语文》2004 年第 1 期）

简化字杂谈

一、正乙词戏楼图册何以会出现许多错别字？

北京正乙词戏楼赠送给境外来的嘉宾的图册，用繁体字排印。文内出现多处错别字，如“泰斗”错成“泰門”、“風采”错成“風彩”等，令人扼腕。造成这种差错的原因是什么？我认为是从事者不懂繁体字，不具备从事简繁转换工作的条件。大凡要使用某种文字，必备的条件是要懂得这种文字，具备使用这种文字的知识和技能。例如要把中文翻译为英文，译者不但要懂得中文而且还要懂得英文。如果让一位只懂中文而不懂英文的人去从事这项工作，不错得一塌糊涂才怪呢？同样的道理，从事编辑、校对繁体字图册的人员一定要懂得繁体字，这样的人自然也就不会把“泰斗”错成“泰門”。如果要追究造成正乙词戏楼图册出现众多错别字的责任，首先要追究的是该戏楼的领导，因为他们用人不当，让不懂繁体字的人去从事与繁体字有关的工作，而不能怪简化字有什么毛病。如果所有从事简繁转换的人都出差错，无一例外，那就要考虑简化字本身有什么问题；如果从事同样的简繁转换，有的人不出差错，而有的人就出了许多差错，理所当然要从从业人员本身的素质找问题。有人提出如果汉字简化完全采用一简对一繁的原则，那么不认识繁体字的人不也可以正确无误地从事简繁转换了吗？这个问题留到下面再谈。

二、“御”是繁体字吗？

香港中国语文学会理事会通过的第一批应该“解放”的12个繁体字是“鬥髮範幹後鬍裏鬚御雲徵鍾”（顺序略有调整）。这里不讨论这几个繁体字该不该“解放”，而要讨论其中的“御”是不是繁体字。《简化字总表》明文规定“禦”简化为“御”，反过来也可以说“御”是“禦”的简化字，可见“御”并不是繁体字。“禦”和“御”的意思本来不同。“禦”的主要意思是抵挡，常见的由“禦”组成的词语有“禦寒、禦敵、禦侮、防禦、抵禦、抗禦”等。“御”的常用意思有两个：一个是驾驶（车马），同“驭”，如“御者”；另一个是指与皇帝有关的，如“御用、御赐、御前、御苑”等。因为“禦”“御”同音，汉字简化时用“御”代替“禦”，这在简化方法上属于同音代替。这样简化是有历史依据的，《诗经》、《楚辞》、《左传》中都有实例。如《诗经·邶风·谷风》：“我有旨蓄，亦以御冬。”《楚辞·九辩》：“无衣裘以御冬兮，恐溘死而不得见乎阳春。”[①]把“禦”简化为“御”，50年来没有发生问题，不必调整。

三、能不能把一简对多繁都改为一简对一繁？

周有光先生说："汉字难学难用，主要由于字数多而无定。"[②]新中国的汉字简化既要减少笔画又要减少字数，减少字数的方法主要靠合并简化（如"穫"、"獲"简化为"获"）和同音（含近音）代替简化（如"后"代替"後"）。汉字在几千年的发展中，合并与分化是经常发生的，合并简化符合汉字形体演变的规律。同音代替简化粗略地说就是六书里的假借（通假）。由此可见，合并简化与同音代替简化不是什么离经叛道的肆意妄为，而是合乎汉字演变规律的常态，其结果就是出现了一简对多繁的简繁对应。如果把一简对多繁全部改为一简对一繁，那么减少汉字字数的目标也就落了空。

再者，新中国的汉字简化采用的是"约定俗成"的方针，许多一简对多繁的简化字都是约定俗成的结果。例如"鬥争"是常用词，而"鬥"字的笔画繁，群众把它简化为"斗"。现在要改为一简对一繁，"鬥"字该如何简化呢？自造一个简化字并不难，可是要让大多数民众都接受就十分困难。"鬥"的简化字除了"斗"以外，几乎找不到可以被多数民众接受的写法。《宋元以来俗字谱》里"鬥"有六种不同写法的俗字，可是全都比不过"斗"字好写好认。如果一定坚持一简对一繁，反对把"鬥"简化为"斗"，剩下的路就只有恢复繁体，也就是停止简化。把"鬥"简化为"斗"，大约产生在解放战争时期，所以民众把这类简化字叫"解放字"。从一个用惯了繁体字的人的眼光看，"鬥"和"斗（dǒu）"读音不同，意义两样，用"斗"代替"鬥"毫无道理，必须复繁；可是从一个用惯了简化字的人的眼光看，"斗"是多音多义字，既可以用于"斗争"也可以用于"升斗"，这就如同"重量"的"重"也是"重复"的"重"，"朝霞"的"朝"也是"朝堂"的"朝"一样，没有什么不可以接受的，只要不产生意义的混淆就可以了。借这次研制《规范汉字表》的机会，对容易产生混淆的个别的一简对多繁的简化字，可以考虑调整；要把全部一简对多繁的简化字都改为一简对一繁，既无必要也无可能。

（香港《语文建设通讯》第85期，2006年12月出版）

［附　注］

①张书岩等编著《简化字溯源》第86页，语文出版社1997年版。

②周有光著《新语文的建设》第208页，语文出版社1992年版。

“复兴繁体字”——一个无法实现的梦

《环球时报》2007年6月7日发表了林治波的文章《复兴繁体字，中国新使命》(下文简称《新使命》)。这篇文章把“复兴繁体字”作为中国的新使命，不顾全国绝大多数民众已经习惯使用简化字的现实，违背《国家通用语言文字法》的规定，肆意挑战国家的汉字政策。

一、《新使命》给汉字简化泼脏水

《新使命》要否定简化字、复兴繁体字，提出的理由归纳起来主要有三条，而这三条理由都是不能成立的。

(一) 汉字简化把“表意文字完全同化为表音文字”，失去了“东方文化的精髓”。其实，汉字简化只是把字形上的冗余信息减少了一些，表意文字依旧是表意文字，怎么会变为表音文字了呢？繁体字的“龍”16画，简化字的“龙”只剩下了5画，但意思没有变化。如果说甲骨文里的龙还有点像传说中的龙，到了隶书楷书已经变得完全不象形了。用发展的眼光看，这种变化是进步。有些简化字使用了同音代替的简化方法，如以“板”代替“闆”、以“谷”代替“穀”。这就是六书里的假借。如果假借就是实行表意文字表音化，那么早在先秦不就实行了表音化了吗？“东方文化的精髓”指的是什么？如果指的是象形，象形是古典文字的特征，文字进入成熟阶段后早已放弃了象形；如果指的是表意，不论是繁体字还是简化字，都具有表意性，并没有失去。

（二）汉字简化“会阻碍文化的传承”，“使中国历史文化研究出现断层”。新中国建立以来，传世的古籍受到了很好的保护，新印的繁体字古籍种类很多数量很大。众多通晓繁体字古籍的专家学者，在高校和科研单位深入研究这些古籍，不断有新的研究成果问世。传统文化得到了很好的传承，何尝出现什么断层？精通繁体字古籍，专门研究传统文化，从来就是专业研究人员的职责，这种情况并没有因为推行简化字而改变。

（三）汉字简化“没有与使用汉字的其他汉字文化圈国家进行商讨”，“得不到各国的理解与支持”，“孤立了自己”。对此我们提出两点看法：第一，一个国家实行什么样的文字政策，是它主权范围里面的事情，与有关国家可以进行交流，但是不必取得其他国家的同意。汉字简化是中国现代文化建设的大事，是发展现代科技和教育的必需，难道还要等别国同意才能做吗？第二，现代的日本文和韩国文里有一些汉字，而且有的还进行了简化，可见汉字简化是一种共同的趋势，怎么会孤立了自己？如果中国拘守繁体、不加简化，那才会显得孤立呢！

二、把汉字简化这项工作肯定下来

要正确认识汉字简化的利和弊。汉字简化的利主要有三点：一是减少了笔画。《简化字总表》收简化字 2235 个，笔画总数是 23025 画，平均每字 10.3 画。被代替的 2261 个繁体字，笔画总数是 36236 画，平均每字 16 画。繁简相比，平均每字减少 5.7 画。如果写 2000 个简化字，合计少写 10000 画。按每字 10 画计算，等于少写 1000 字。二是提高了清晰度。简体的“乱灶龟郁”远比繁体的“亂竈龜鬱”清晰，节省目力。三是减少了字数。《汉字简化方案》里用合并简化（如“匯”“彙”合并简化为“汇”）和同音近音代替简化（如用“斗”代“鬥”）的方法，共减少了 102 个繁体字。字数的减少有利于汉字的学习和应用。汉字简化的弊也有三点：一是有些字改变了原来所属的偏旁系统，使繁简的对应关系复杂化。“盧”简化为“卢”，如“顱瀘壚鸕”简化为“颅泸垆鸬”；而有些字里的“盧”又简化为“户”，如“蘆廬爐驢”简化为“芦庐炉驴”。二是增加了形近字，如“攏擾”简化为“拢扰”。汉字简化虽然减少了一些形近字，如“畫晝”简化为“画昼”，但是增加的多于减少的。三是用合并简化和同音近音代替简化的方法简化汉字，有时可能会造成表意的模糊，增加了对语境的依赖。如“發”和“髮”都简化为“发”，人名中出现了“金发”，不知是“金發”还是“金髮”。

利弊相较，利大于弊。因为利所惠及的是整个汉字体系，而弊的方面只涉及少数字组，又有办法缓解。再者，汉字简化把群众中流行的纷繁的简体字搜集整理加以统一，有利于字形的规范化。正因为利大于弊，所以简化字的传播如水之就下兽之走圹，无法阻遏，势不可挡。周恩来总理在《当前文字改革的任务》的报告里说：“我们站在广大人民的立场上，首先应该把汉字简化这项工作肯定下来。”

其次要了解简化字使用的现状。根据中国语言文字使用情况调查，我们得到如下的数据：

（一）平时主要写简化字、繁体字的比例

地　区	简化字	繁体字	两种都写
全　国	95.25 %	0.92 %	3.84 %

（二）不同年龄段平时主要写简化字、繁体字的比例

年龄段	简化字	繁体字	两种都写
15－29 岁	97.99 %	0.25 %	1.76 %
30－44 岁	97.34 %	0.46 %	2.20 %
45－59 岁	93.47 %	0.93 %	5.60 %
60－69 岁	78.13 %	5.80 %	16.07 %

第三要认真贯彻国家的汉字政策。《国家通用语言文字法》第三条规定："国家推广普通话，推行规范汉字。"简化字就包括在规范汉字之内。《国家通用语言文字法》第十七条规定："本章有关规定中，有下列情形的，可以保留或使用繁体字、异体字：（1）文物古迹；（2）姓氏中的异体字；（3）书法、篆刻等艺术作品；（4）题词和招牌的手书字；（5）出版、教学、研究中需要使用的；（6）经国务院有关部门批准的特殊情况。"这就是：推行简化字，但不废除繁体字，而是使简繁汉字和谐相处，各得其所。今天的中国，95.25%的人都在写简化字，这是个不容忽视的事实。包括简化字在内的规范字无处不在，不但在人际界面普遍使用，在电脑和网络上也是畅通无阻。它很好地为我国的文化建设和经济建设服务。我们已经告别了以繁体字为主的时代，进入了包括简化字在内的规范汉字的时代。我们要珍惜这种大好形势。

三、汉语热带来了简化字热

在中国内地以外，简化字的使用正在迅速发展。

台湾自1949年以来，要求简化汉字的呼声时起时伏，未曾中断。台湾当局拒绝使用大陆的简化字，但是简化字在岛内的使用日见广泛，连台湾高层的手书字中也时常出现简化字。《环球时报》2007年6月12日报道："简体字书在台湾挺火"，"专门出售大陆简体字书的书店更如雨后春笋般涌现出来。""问津堂、若水堂、秋水堂等新开设的专业简体字书店逐渐兴起，老字号的上海书店和诚品书店也大量引进简体字书。据记者了解，截至目前全台至少有50多家大陆进口书商，30多家大陆简体字书专卖店。""有台湾图书界人士表示，简体字书进入网络书店，代表了简体字书在台湾销售上的一大进步。"

《国际先驱导报》2006年2月17日发表文章，题目是《海外汉语热带来简体字热》。文章说："出生在美国的许多华裔感慨，'学中文不学简体字落伍了'。根据全美大学理事会的调查，目前共有2400所高中愿意开设汉语课程，而简体字与繁体字已平分秋色。这就打破了海外华人社会原有的繁体文字格局，确立了简体中文的社会地位。""而在非英语主导的语言环境里，简体字热也同汉语热一同延烧。韩国主流大报《朝鲜日报》日前直指：韩国应考虑学习有发展前途的简体汉字，这与学习英语单词同等重要。就连自认为'繁体字根据地'的台湾，也面临简体字的风潮。"台湾《联合报》2006年3月24日报道《繁简之争，国力就是实力》，文章说："繁体字原本通行世界各国，但很多国家都已见风转舵。例如新西兰近年即将高中会考的中文试卷，由过去提供繁体和简体两种中文字，改为只提供简体字；加拿大的不列颠哥伦比亚省教育厅早先制订的中文课程纲要，是繁简体并用，但修订后的中文课程纲要，已希望教师先教简体字，适当时机再教繁体字。同样是使用繁体字的香港，近年接受简体字的速度更快，不仅各大企业网站同步架设简体版，贩售简体字的书店是愈开愈大、愈开愈多。各国华人社区，随着大陆移民人数渐多，简体字的招牌也愈来愈多。这样的趋势足以说明，简体字空间愈来愈大。回看台湾，不论是台大的全美各大学中文研究所，或是台湾师范大学的国语中心，都已重视简体字的存在事实。国语中心一位老师指出，‘不教简体中文，不会再有外国人来台学中文了！’”

面对上述的简化字热，《新使命》说中国内地简化汉字得不到各国的理解与支持，“孤立了自己”，不是与事实相去太远了吗？

顾炎武在《音学五书·序》里说：“天之未丧斯文，必有圣人复起，举今日之音而还之淳古者。”三百多年过去了，这样的圣人并未复起。主张“复兴繁体字”的人是不是可以从中吸收一些有益的教训呢？

（《语言文字周报》2007年11月1日）

评《中文兴衰关乎国家统一》

《环球时报》2007 年 12 月 17 日发表了王达三先生写的《中文兴衰关乎国家统一》（简称“王文”），这篇文章有许多错误，应该提出商榷。王文在标题里用的动词是“关乎”，“关乎”的意思是关系到，请看王文是如何说明“中文兴衰”与“国家统一”两者的关系。王文说：“世界上因语言文字差异而造成国家分裂隐患的屡见不鲜”，用的动词是“造成”。王文又说：“文字统一对形成共同的文化认同和民族认同，对中国的民族融合、国家统一、疆域拓展、历史延续，都起着不可替代的作用。”用的动词是“起着”。这两句话的核心意思就是：语言文字差异造成国家分裂隐患，文字统一对国家统一起着不可代替的作用。他根据这个论断，提出为了实现中国的统一，要“实行繁简并用、文白并行的双轨制”，“放弃简体字‘一尊独大’的心理，考虑采用繁简双轨制”。我们认为王文的论断是不能成立的，没有科学根据；

他提出的两个“双轨制”违背了国家的语文政策，是十分有害的。

一、不能成立的论断

王文提出的论断有什么根据呢？它的根据就是比利时和加拿大。文章说：比利时北部荷语区和南部法语区政治分野很大，“这对那些主张国家统一的比利时人来说，可谓是内忧外患”。加拿大魁北克讲法语，要分裂出加拿大。按照王文的说法比利时和加拿大的隐患是由语言文字的差异引起的，而实际上这两个国家的分裂隐患是由民族问题引起的。比利时北部讲荷兰语的是佛兰芒族，南部讲法语的是瓦隆族。加拿大魁北克省讲法语的是法裔，其他地方讲英语的是英裔。所以，王文提出的事例无法证明它做出的论断。

造成国家的统一和分裂，有十分复杂的原因，有政治、经济、民族、文化等多方面的因素，而既有内部原因又有外部原因，不能简单地归结为语言文字，语言文字没有这么大的作用。我们先看战国时期的情况。《说文解字·序》说：“其后诸侯力政，不统于王。恶礼乐之害己而皆去其典籍，分为七国。田畴异亩，车涂异轨，律令异法，衣冠异制，言语异声，文字异形。秦始皇帝初兼天下，丞相李斯乃奏同之，罢其不与秦文合者。”这段话讲得很清楚，先是“分为七国”，然后才“言语异声，文字异形”，而不是相反。讲到统一，是先有“秦始皇帝初兼天下”，然后才有了书同文字，而不是相反。近两千年前的许慎都懂得的道理，王文却不懂。

再说当代中国的情况。在蒋介石败退到台湾以前，中国内地和台湾所用的语文是统一的，但是由于内战结果造成了海峡两岸的分裂。先有两岸的分裂，才有了两岸语文的差异，而不是相反。我们坚信中华民族有很强的凝聚力，海峡两岸终将统一。两岸统一后，语文差异自然会逐渐消失。请问：大陆实行了“繁简并用，文白并行”的语文政策，海峡两岸就能统一了吗？

二、违背了国家的语文政策

为了早日实现两岸的统一，我们要加快中国内地的发展，提高大陆的综合国力。语言文字是软实力的组成部分，做好语言文字工作实际就是在促进两岸的统一。怎么才能做好语言文字工作呢？就是要正确贯彻《国家通用语言文字法》，而不是放弃或改变国家的语文政策。

现行的国家语文政策，体现了近百年来语文改革的成果，符合语文应用的实际状况，是正确的。回顾一百多年前的清末，政治腐败，经济凋敝，语文生活十分落后。那时候语文生活的特点是说的是方言，写的是文言，汉字繁难，文盲众多。落后的语文生活妨碍了教育的普及和民族的团结，妨碍了经济的发展，因此必须进行改革。一百多年来的语文改革取得的主要成果有四样东西，就是：普通话、现代白话文、简化字和汉语拼音。语文改革不但支持了中国的革命和建设，而且为中国进入信息时代提供了语文条件。王文提到的简化字和白话文是语文改革的产物。

汉字演变的总趋势是由繁到简。简化字来自民间，有长久的历史，可是在旧中国没有地位，不受重视。新中国推行简化汉字，顺应了历史的发展。简化字好学好用，提高了阅读的清晰度，受到了群众的欢迎。《国家通用语言文字法》规定推行规范汉字，规范汉字就包括了简化字。包括简化字在内的规范汉字，是我国当前唯一的法定文字，当然要“一尊独大”，这没有什么不对。根据2004年中国语言文字使用情况调查得到的资料，平时主要写简化字的占被调查人口的95.25%。这是推行简化字取得的重大成果。我们推行简化字，但是并没有废止繁体字，只是缩小了繁体字使用的范围。《国家通用语言文字法》规定，有下列情形的，可以保留或使用繁体字、异体字：（1）文物古迹；（2）姓氏中的异体字；（3）书法、篆刻等艺术作品；（4）题词和招牌的手书字；（5）出版、教学、研究中需要使用的；（6）经国务院有关部门批准的特殊情况。按照这个规定来使用简化字和繁体字，简化字和繁体字秩然有序，各得其所。如果实行王文提出的“繁简并用”双轨制，占总数95.25%的平时主要写简化字的人不但要掌握简化字，而且要掌握繁体字，这至少要增加一倍的负担。推行简化字本来是为了减轻学习和使用汉字的负担，实行了双轨制反而增加了负担，有什么好处呢？实行王文主张的双轨制，在一些活动中允许使用繁体字，社会用字就会变成繁简混用，造成汉字使用的大混乱，这不但妨碍经济建设和文化建设，而且妨碍对台工作，破坏国家的统一。

简化字来自民间，有长久的历史。两岸的汉字同根同源，大陆推行的规范汉字与台湾的正体字，三分之二以上相同，不同的部分也有明显的对应规律。认识繁体字的人很容易就能掌握简化字，大陆出版的简化字书籍在台湾热销。据《人民日报（海外版）》2007年11月28日报道：“大陆图书专卖店悄然在台湾出现，始于10多年前，现在已发展到70多家。台湾简体字书籍的进口数量也从原先一年16万册，增加到现在每年600万册。”简化字并不妨碍国家的统一。

用白话文取代文言文，也就是用言文一致取代言文分离，不但是文体的改革也是思想的解放，这是五四新文化运动取得的历史性的功绩。今天不但中国内地用白话文，台湾也用白话文，两岸没有分歧。王文主张实行“文白并行”的双轨制，这是对五四白话文运动的否定。在中国内地行不通，在台湾也行不通。

王文中还有一些知识性的错误。王文说：“香港已故儒商安子介曾说文字统一是中国的第五大发明，而在笔者看来，实是第一大发明。”其实，安子介说汉字是中国的第五大发明，没有说文字统一是中国的第五大发明。统一的民族、统一的国家都要求有统一的语言和文字，这是各种语言文字使用的共同规律，算不上什么第五大发明或第一大发明。又如，王文说新加坡使用繁体字。这与事实相反，新加坡使用的是与中国内地完全相同的简化字。

总之，讨论中国的语文问题，要了解近百年语文的改革，才能看清语文发展的方向；研究中国的语文政策，要学习《国家通用语言文字法》，才能懂得如何依法规范语文；撰写中国语文的学术论文，要具备语文学科的基本知识，才能避免常识性的差错。语文问题事关教育的发展和经济的建设，不可率性从事。对于那些与《国家通用语言文字法》相违背的言论，主管部门要加以澄清，舆论要分清是非，不可听之任之。

（北京大学中文系《中文论坛》）

谈汉字的评价和前途

——《现代汉字体系的科学性、简易性》质疑

汉字的评价和前途是个争论已久的老问题，《现代语文》2005 年第 8 期发表了梁永国先生写的《现代汉字体系的科学性、简易性》旧话重提，发起了挑战。下面我们按照梁文论述的先后做一些讨论，希望能得到比较符合事实的认识。

一、文字制度演变的总趋势

梁文承认“由表意到表音是文字发展的总趋势”，但接下去笔锋一转，说“然而，汉字却是个例外”。这么说有什么根据呢？他说：“因为汉字从产生，一直延续至今，依然具有旺盛的生命力。面临了几次改革的浪潮，竟岿然不动，也可算个奇迹了。”这里提出了两个理由。一个理由是汉字一直延续至今，可见它不会发展为表音文字。这就如同说每个人都要死，但是小李

是例外，因为他现在没有死。显然小李现在没有死，并不能证明他将来也不死。汉字现在不是表音文字，并不能证明它将来也不会发展为表音文字。另一个理由是汉字面临几次改革的浪潮，竟岿然不动，可见它不会发展为表音文字。这就如同说小李生过几场大病，竟没有死，可见他将来不会死。同样的道理，小李现在没有死，并不能证明他将来也不死。汉字经过几次改革浪潮的冲击竟岿然不动，同样不能证明它将来也不会发展为表音文字。梁文用这样的理由来证明汉字是个例外，未免太缺乏说服力了吧？梁文提不出有力的事实，只是空说一句“汉字却是个例外”，是什么问题也不能解决的。梁文认为意音文字的发展有两条路，一条是发展为表意兼表音的字符文字，另一条是发展为表音兼表意的字母文字。很奇怪，意音文字就是表意兼表音的文字，怎么又发展出同样的表意兼表音的文字呢？逻辑如此混乱，怎么能得出让人信服的结论呢？

梁文的“汉字例外说”是不能成立的，近些年来文字学家的研究证明了汉字的发展不但不是什么例外，而且正是符合文字演变的总趋势。清华大学赵丽明教授指出：“汉字在传播中，不仅功能、形体发生了变异，有的性质都变了。”“准汉字式文字大多改变了文字的性质，由表意变成了表音文字，音节表音文字如日本假名、女书，音素表音文字如朝鲜谚文、八思巴文等。同时，我们也惊喜地发现，正是由于它们各自标记的语言不同、造字的原理、手段不同，使得它们各自处于文字发展史上的某一环节上，与汉字相连接，形成汉字系文字的历时系列，正是汉字圈内表意文字→表音文字发展演变流程的一条完整文字链条。”①周有光先生说：“这好比从一种生物看不出进化迹象，从生物系统的整个发展过程中，看到了进化论的规律。”②学术研究要注意不断吸收新的研究成果，才能得出比较正确的结论。

二、文字的结构和文字的基本单位

要讨论汉字的评价和前途，常常要对汉字和英文加以比较。要比较就要确定比较单位，要确定比较单位就要认清汉字和英文各自的内部结构。汉字和英文分属于不同的文字制度，具有不同的内部结构，而梁文却把它们看成同类的结构。梁文说："任何文字都是由最基本的笔画按照一定的组合规则生成构字部件，由构字部件按造字法规则组合成文字。"他为汉字和英文画出的结构图是：

汉　　字：基本笔画→部件→文字
　　　　　　　　　　　　　　|
　　　　　　　　　　　　　语素（古代是词）→词（现代）

英语文字：基本笔画→字母→部件→文字
　　　　　　　　　　　　　　　|　　　|
　　　　　　　　　　　　　　语素→词（古代）→词（现代）

这个图有三点主要错误。第一，汉字有部件，英文没有部件，而梁文虚构了英文的部件。第二，英文字母记录的是英语的音位，这是英文和英语间的最重要的联系，而在梁文的结构图里却丢掉了。第三，梁文的图把汉字的文字和英文的文字放在相同的位置用来对比，是不妥的，因为两者在各自结构里的地位和作用并不相同。汉字里的文字是汉字的基本单位，记录的是汉语的语素，语素构成了词。英文里的字母是英文的基本单位，记录的是英语的音位。英文字母的组合记录了语素或单词的语音，用语音来提示语素或词。正确的结构图应该是：

汉字：笔画→部件→单字
　　　　　　　　　　|
　　　　　　　　　语素→单词

英文：笔画→字母
　　　　　　　|
　　　　　　音位→语素或单词的语音→语素或词

比较性质不同的文字体系应该使用什么样的文字单位，这是个非常重要的原则性问题。因为文字是记录语言的符号，必须联系它所记录的语言才能确定文字的比较单位。从文字和语言相联系的角度出发，与汉字联系的最小的汉语单位是语素，与英文联系的最小的英语单位是音位。记录汉语语素的是单字，记录英语音位的是字母。我们把汉字的单字和英文的字母分别叫做汉字和英文的基本单位，只有用文字的基本单位来比较才是科学的比较。梁文先是虚构了汉字和英文的结构，接着又错误地选择了比较单位，通过比较得到的只能是错误的结论。

三、汉字的评价

梁文提出了两种对立的汉字的评价，一种认为“汉字字量大，笔画复杂，不经济、不方便，难学、难写、难认、难记”，另一种认为汉字具有科学性和简易性。梁文用后者来否定前者，进而反对汉字的拼音化。

对于汉字的科学性的提法，我们有很大的保留。对于现代发明的新技术、现代制造的新产品、现代提出的新学说，我们可以说它有或没有科学性，对于人工设计的新文字可以说它有或没有科学性；而对于汉字这样自然形成而且具有悠久历史的文字，什么叫有科学性很难界定，而且会引起无休止的争论。因此我们讨论汉字的评价时，不是从汉字是否具有科学性的概念出发，而是从梁文的具体论述入手，看他的论述能不能成立：如果他的论述能够成立，姑且接受汉字具有科学性的看法；如果他的论述不能成立，梁文所坚持的汉字有科学性的观点也就不攻自破了。我们不赞成说某种传统文字有或没有科学性，这和文字研究必须坚持科学性是不同的，不能混为一谈。

梁文从以下五个方面来论证汉字的科学性和简易性：

（1）字量。梁文说：“一个以汉语为母语的人能掌握3500个汉字，基本的听说读写的表达与交流应该是够用的。如果一个以英语为母语的人只掌握3500个英文字，即3500个词，恐怕有些基本的表达与交流都不能应付。”这两句话有几处不妥。首先梁文应该懂得，掌握3500个汉字并不等于就掌握了由这3500个单字构成的几千个汉语词。认识了“按”“揭”这两个字，并不等于就认识了“按揭”这个词。其次我们在上文说过，汉字的单字和英文的单字性质不同，不能用来对比。第三，梁文在这里又把英文字和英文词等同起来，陷入了逻辑的混乱。3500个英文字不等于3500个英语词。例如right是一个英文字，可是它记录的是两组英语词，一组表示右、右翼、右侧，另一组表示对的、正当的。theater和theatre是两个字可是记录的是同一个英语词。3500个汉字和3500个英语词，一个是文字单位，一个是语言单位，两者不具有可比性。如果把3500个英语词改为英文的基本单位，那么3500个英语词所用到的字母只有26个，大小写合在一起才52个。这样一比汉字字量上的简易性也就荡然无存了。

（2）书写和记忆。从书写说，一个小写的英文字母最多只有两笔，如t、k、j，汉字简化字的平均笔画是10.3画，书写上的孰难孰易不难分辨。梁文无视这个事实，却断言“汉字书写笔画并不比英文字笔画多”，这样的讨论还有什么意思呢？

从记忆说，梁文说：“汉字是表意文字，形体特征鲜明显著，更便于形象记忆”。现代汉字除了极少数的几个字还具有表形特征，如“凹”“凸”外，形体特征早就模糊难辨了。“日”不像日，“月”不像月，“牛”只有一只角，“燕”有四条腿，“形体特征鲜明显著”从何谈起？从构字的单位说，汉字的基本笔形有5种，派生笔形有25种。GB 13000.1字符集的20902个汉字的基础部件有560个。合体字的构字模式有85种。汉字不但字数多，构字单位多，而且构字缺乏严整的规律，都比英文复杂得多。即使承认英文的“语音也并不都是规则的”，“字母文字区别特征不显著”，记忆英文字母也比记忆汉字容易，这也是不争的事实。

（3）认读。梁文说："汉字并不直接记录语音，这是它和表音文字的质的差别。这样可能会带来认读的困难，但这种困难却被汉字语音的简易性化解了。"真的被化解了吗？我们姑且承认汉字语音具有简易性，可是这与汉字认读的难易没有直接关系。你遇到一个不知道读音的字，除了查字典就要去问人，没有别的办法。梁文说："声符有效提示声音的比例在77%左右。"我们不知道77%这个数字是怎么得出来的。形声字声旁的有效表音率，周有光先生的计算只有39%，[③]范可育等人的计算就只有24.4%[④]。两个数字不同，是因为周先生不计声调，范可育等计算了声调。不论是采用哪个数字，都没有77%！现代汉字里的多音字约占10%，遇到多音字常常不知道读什么音。"攒（zǎn）钱"和"攒（cuán）钱"不同，"调（diào）配"和"调（tiáo）配"各异。这是每个使用汉字的人都经常遇到的困难，而梁文却说"认读汉字并不困难"。认读的困难明明摆在那，怎么能视而不见呢？

（4）语言单位。梁文说："从文字表示的语言单位来看，汉字以表示语素为主，英文以表示词为主，哪个科学，哪个简易，不言自明。"这又回到我们上文讨论过的问题，比较不同类型的文字体系，必须确定文字的基本单位，然后用基本单位来比较。语素和词都是语言单位，语言单位的比较不能说明文字体系的优劣。

（5）文字的表音和表意。梁文说："一种文字表音也好，表意也好，都是自己的选择，选择了哪种都好。""汉字选择表意，是避轻就重，……从字形看是由繁而简，由难而易。而拼音文字，选择了表音，是避重就轻。……其文字不退位而表示语素，这个包袱就永远甩不掉。"我们应该怎样认识文字的选择？古往今来的世界文字多种多样，从表面看杂乱纷繁，但是文字学家透过现象看本质，揭示了文字演进的内在规律，周有光先生说："进化论已经说明，地球上的生物不是一盘散沙，而是有共同的演变规律的，所有的生物都属于同一个总的系统。比较文字学正在探索，人类的各种文字是否也不是一盘散沙，而是有共同的演变规律的，所有的文字是否都属于同一个总的系统。”周先生在《比较文字学初探》里揭示文字演变的这个规律，他说：“形意文字学、意音文字学和字母文字学，三者分别研究人类文字史的三个发展阶段。”[⑤]我们考察世界文字发展史，从中发现许多可以证明上述演变规律的实例，例如丁头字从意音文字到音节文字再到音素文字的发展过程清晰可见。面对这些事实，梁文所说的“选择”云云不过是书斋里的空谈。原始人群由没有文字到创造出文字，文字产生后随着社会的发展而发展，这一切无不受到文字演变规律的制约，哪有多少“选择”的余地？这有点像一个孩子降生到人世，面对的是发展到某个特定阶段的社会，哪里是你能“选择”的呢？社会发展了，人类的文明程度提高了，文字制度的选择似乎成为可能了，但是选择有的正确、有的不正确，正确或不正确的区别最后还是要看是否符合客观的发展规律。二次大战以来，一百多个新兴国家规定了国家的共同语，新语言需要写成新文字。结果是清一色的都选择了拼音文字。所有新创造的文字，无一例外地都采用了拉丁字母，而没有哪个国家选择了表意文字或意音文字。原来使用汉字的越南选择了表音文字，一直用到现在。照梁文的说法，选择了表音文字的民族或国家，“其文字不退位而表示语素，这个包袱就永远甩不掉”。可是事实与梁文所说的相反，那些选择了表音文字的民族或国家，根本不觉得文字有什么包袱需要甩掉。我们也没有看到那些使用表音文字的民族哪个甩掉了包袱，改用表意文字。研究人员要不要尊重客观事实呢？

从以上五个方面的分析里不难看出，在这篇文章里梁文所坚持的汉字有科学性和简易性的观点，没有得到有力的维护；梁文所反对的汉字难学、难写等观念，也没有受到有力的打击。在这里我们愿意指出，梁文讨论汉字评价所预设的前提是陈旧的，文章展示给读者的对汉字的两种评价是完全对立的，非此即彼，不是鱼死就是网破。这是一种僵化的汉字评价观。我们对待汉字与对待其他事物一样，也要反对一点论，坚持两点论，那就是既看到它的优点，也要看到它的缺点。那种认为汉字只有缺点而没有优点，或者认为汉字只有优点而没有缺点，这两种看法都是片面的，都不符合汉字的实际。21 世纪的汉字评价的研究，应该超越过去的片面性、全面地看汉字。我们要研究汉字有哪些优点，有哪些缺点，优点缺点各占多少；要研究如何发扬优点、克服缺点，让汉字更好地为国家经济建设、文化建设服务，为国际文化交流和民众的日常生活服务。

四、汉字的前途

梁文关于汉字的前途的论述，首先有两个观点需要澄清。其一，梁文断言："从汉语的语音特点（即音节数量少，有声调）来看，用拼音文字记录是不现实的。"这种说法没有根据。壮语和汉语是亲属语言，壮语也是音节数量少、有声调的语言。1955 年创制了以拉丁字母为基础的拼音壮文，1981 年经过修改全部采用拉丁字母，一直用到现在。居住在吉尔吉斯斯坦、哈萨克斯坦的东干族，本来就是甘肃、陕西的回族。他们在 19 世纪 60—80 年代迁徙到现在的居住地，至今说的是汉语西北方言。在 20 世纪 50 年代，他们采用了斯拉夫字母的拼音文字，一直使用到现在。[6]其二，梁文说："如果要用表音文字，那就必须要改革汉语。从这个意义上说，所谓汉字改革那就是汉语的改革，汉字的前途就是汉语的前途。"这种说法同样没有根据，而且可能有害。文字和语言既有联系又有区别，不能混为一谈。越南人在二战结束后，放弃了汉字系统的喃字改用表音的越南字，越南语还是越南语。朝鲜在二战后放弃了汉字，全部改用表音的谚文，朝鲜语还是朝鲜语。把改革汉字说成是必须改革汉语，在学术论文里出现这种完全不讲学术的论断，除了增加混乱外不知还有什么意义。汉字要不要改为拼音文字，一直是人们关心的问题。对这个问题，要区分学者的学术研究和国家的语文政策两个层面。在学术研究方面，近年来取得一些新的进展。周有光先生的研究给我们许多启发。他研究了比较文字学，认为形意文字、意音文字、表音文字是人类文字发展的三个阶段，还有一些学者也得出相似的结论。这些宏观研究丰富了我们的知识，开拓了我们的视野，但是这些研究成果不能认为就是最后的结论，也需要继续探讨。即使学术界普遍接受了这个意见，在如何处理汉字与拼音文字的关系方面也还有许多问题要研究。倪海曙先生早就指出："语言文字是人类基本的信息载体，人们称为交际工具。工具的改革跟政治改革不一样，大多是改进、补充、增强、扩大的意思，不是简单的'废旧立新'。"[7]对汉字和拼音字的优缺点的认识也要讲求辩证法。就是说，汉字和拼音字也都是既有优点也有缺点。"用汉字写汉语，有很合适的一面，特别是写古汉语，但也有很不合适的一面，如写现代汉语。同样，用拼音文字写汉语，有不及汉字合适的一面，也有远比汉字合适的一面。"[8]这样的认识比较符合事实。五四时期提出的废除汉字的口号，新中国建立以来并没有采用。许多主张采用拼音文字的专家，提出了"双文制"的设想，即汉字与拼音文字长期并存并用。从国家的语文政策说，到目前为止我们只有全国人大批准的《汉语拼音方案》，语文工作者可以利用拼音方案进行有关汉字拼音化的各项研究和实验，但是并没有全国人大批准的汉语拼音文字，而且研制拼音文字也没有列入政府的议事日程。当前的工作中心是贯彻执行《国家通用语言文字法》。《国家通用语言文字法》规定："国家推广普通话，推行规范汉字。""国家通用语言文字以《汉语拼音方案》作为拼写和注音工具。……并用于汉字不便或不能使用的领域。"我们要积极贯彻《国家通用语言文字法》，推动语言文字的规范化、标准化及其健康发展，使国家通用语言文字在社会生活中更好地发挥作用。汉字是当今中国记录汉语的唯一的文字，它的地位十分巩固，在可以预见的将来，看不到它消亡的迹象；但是同时也要看到汉字还有缺点，学习和使用还比较困难。为了解决这个问题，一方面要推动汉字的“四定”，即定量、定形、定音、定序，一方面在汉字不便或不能使用的领域要充分发挥汉语拼音的作用。从国家制订语文政策说，自然要吸收学术研究的成果，但是也必须从实际出发，面对社会语文生活的实际需要。

［附　注］

①赵丽明《变异性·层次性·离合性·互动性》，《汉字的应用与传播》37 页至 38 页，华语教学出版社 2000 年版。

②周有光《关于比较文字学的研究》，《中国语文》2000 年第 5 期。

③周有光《现代汉字中声旁的表音的功能问题》，《中国语文》1978 年第 3 期。

④范可育、高家莺、敖小平《论方块汉字和拼音文字的读音规律问题》，《文字改革》1984 年第 3 期。

⑤周有光《比较文字学初探》第 7 页、第 10 页，语文出版社 1998 年版。

⑥王开扬《汉字现代化研究》第 100 至 102 页，齐鲁书社 2004 年版。

⑦倪海曙《改而不废》，《倪海曙语文论集》第 3 页，上海教育出版社 1991 年版。

⑧倪海曙《文字改革可能吗?》，《倪海曙语文论集》第 15 页，上海教育出版社 1991 年版。

（《中国文字学报》第一辑，商务印馆 2006 年出版）

对《关于〈现代汉语常用字表〉的两点意见》的意见

《中国语文》2002年第3期发表了周国光先生的《关于〈现代汉语常用字表〉的两点意见》，该文的第一段说："国家语言文字工作委员会汉字处编制的《现代汉语常用字表》（本文据1989年5月版. 以下简称《字表》）共收入现代汉语常用字3500字。该字表由国家语言文字工作委员会和国家教育委员会于1988年1月26日联合发布，并由语文出版社于1988年出版。"这段话先说国家语委汉字处编制了《现代汉语常用字表》，接下去说语委和教委联合发布了该字表。这表明：作者把汉字处编制的《现代汉语常用字表》这本书和语委、教委联合发布的常用字字表混为一谈，其实这是既有联系又有区别的两回事，应该加以澄清。

1988年1月26日国家语委和国家教委联合发布的《现代汉语常用字表》，只是包含有3500个常用字的字表，字表里的宋体字是按笔画数和笔顺排列的，如一画的有“一乙”，二画的有“二十丁厂七卜人入八”等，并没有“部首（201部）顺序表”、“汉语拼音字母顺序表”，更没有“现代汉语常用字词例”。这张表的研制者主要是语委汉字处的成员，但也包含几位其他单位的专家，如人教社的莘乃珍。国家语言文字工作委员会政策法规室编的《国家语言文字政策法规汇编》（语文出版社1996年3月版）和语文出版社编的《语言文字规范手册》里的《现代汉语常用字表》就是这样一个字表。这个字表只有3500字，如果印成书只有薄薄的几页。而语文出版社1989年5月出版的《现代汉语常用字表》是一本有20万字的书。这本书是以语委、教委发布的常用字字表为基础，增加了“部首（201部）顺序表”、“汉语拼音字母顺序表”，还增加了“现代汉语常用字词例”。这本书是国家语委汉字处编辑的。其中的笔画顺序表照抄两委发布的政府标准，其他部分不是政府标准，只是语委汉字处编制的有关常用字的参考资料。周文所批评的“汉语拼音字母顺序表”和“部首顺序表”并不是政府标准。把国家语委汉字处编制的参考资料误当成政府标准进行批评，这样可能会造成不应有的混乱。

周文关于部首方面的批评，都是很正确的。在笔形归类方面，竖钩应该归入折而不应该归入竖。这个问题我在《二十世纪的现代汉字研究》这本书的第296至300页里做了分析，这里不重复。我希望国家语委采纳这个意见。关于《汉字部首表（草案）》，我认为这个草案还不成熟，而汉字处对常用字的具体归部也有许多值得商榷的地方。周文关于字音方面的批评，许多是正确的，例如“参”下漏列cēn音；但有的还需要进一步研讨，例如“顿”下要不要列dú这个音。这类问题在这篇短文里无法展开讨论，只能以后另写文章。

（《中国语文》2003年第1期）

汉字拆分的两种类型

《语言文字周报》第 1104 号发表了任玉敏先生写的《汉字的“拆分”与“说解”》，我现在想就任文研究的问题谈一点看法。

拆分是汉字研究的重要内容。汉字拆分有两种类型：一种是单纯的字形拆分，就字形论字形，不涉及字音和字义，不涉及构字的理据，这种拆分叫构形法拆分；另一种是联系字音和字义的拆分，拆分要顾及构字的理据，这种拆分叫构字法拆分。

构形法的拆分是有规律的，而不是主观随意的。例如“吴”要拆分为口和天，而不能拆分为口加一横和大，这就体现了规律。构形法拆分的主要规律是先拆相离的，后拆相接的，不拆相交的。相离的笔画组合之间有分隔沟，分隔沟是拆分的显性标志，要从分隔沟所在的地方拆分。例如“明”拆分为日和月，“兵”拆分为丘和八。相接的笔画组合之间有接点，接点可以是一个，也可以多于一个，要从接点处拆分。例如“古”拆分为十和口，“导”拆分为巳和寸。相交的笔画组合是一个整体，无法拆分。例如：十、中、史、册、聿。根据这条规律，“技”先拆分为扌和支，支再拆分为十和又。这里说的只是拆分的要点，还有许多细节需要研究解决。构形法拆分主要用于电脑输入部件码的编码和初级汉字识字教学。

构字法的拆分继承了六书的传统，但是因为现代汉字与《说文》小篆有很大的不同，所以拆分的方法也有许多改变。概括地说，合体字拆分得到了第一级部件。这些部件按照它和整字的音、义关系，可以区分为音符、意符和记号三类，然后根据这三类字符组合的情况确定构字的类型。例如，“沐”是从水木声的形声字，“休”是从人从木的会意字，“我”作为第一人称代词是独体记号字，“寺”是由土和寸构成的合体记号字。拆分的结果与传统的拆分相比有同有异。相同的，如“沐”传统的拆分也是形声字，“休”也是会意字；不同的，如“我”是像一种兵器的象形字，“寺”是从寸之声的形声字。这种拆分也有许多细节需要研究解决。构字法拆分主要用于识字教学和汉字研究。

下面说说这两种拆分类型的关系。首先，两种拆分得到的结果大部分是相同的。例如“想”先拆分为相和心，“相”再拆分为木和目。“埃”先拆分为土和矣，“矣”再拆分为厶和矢。不同的只占一小部分。例如“旗”，构形法拆分得到的是方和𠂤，构字法拆分得到的是㫃和其；又如“腾”，构形法拆分得到的是月和劵，构字法拆分得到的是马和朕。其次，两种拆分并不是彼此对立而是相辅相成、互相借鉴。构形法的拆分有时要参考构字的理据。例如“谜”字有一长一短两条分隔沟，讠和迷间的短，辶和米间的长。是先从长的拆还是先从短的拆？根据构字理据，第一层拆分要在讠和迷之间，而不能在辶和米之间。再从构字法拆分来说，有的字根据《说文》小篆是有理据的，但是经过隶变和楷化已经失去了理据，就只得采用构形法拆分。例如“年”字，《说文》根据小篆字形分析为从禾千声的形声字，可是现行楷书已经分不出禾和千，变成了相接组合，就只能从中间竖笔顶端的接点处拆分。又如“更”字，《说文》根据小篆字形分析为从攴丙声的形声字，可是现行楷书已经变成了横和一个相交的组合。根据以上的分析，我们认为构形法拆分和构字法拆分是平行的两种类型，都有实用价值，不是分属于高低两个层次。如果我们的认识大体符合事实，采用这种观点对现代汉字的拆分可能会有些帮助。

（《语言文字周报》2005 年 6 月 22 日）

竖钩归折的主要理由

《中国语文》2003 年第 6 期发表了魏钢强先生的文章《也谈竖钩的笔形归类》，魏文主要谈了两个观点：一个是划清竖钩和竖的界限谈何容易，另一个是竖钩应该归竖。这两个观点都值得商榷。

现行的汉字规范字形指的是宋体字的字形，仿宋体、楷体和黑体的规范字形是在宋体的基础上确定的。国家主管语言文字工作的部门，对GB 13000.1字符集所收的 20902 个宋体字的字形早已做出了明确的规范，每个字的笔画数、笔形和笔顺，都有明确的规定。哪个字里有竖钩，哪个字里有竖，规定得清清楚楚，竖钩和竖的界限也区分得明明白白。例如“尖”字上边部分的中间是竖，“染”字下边部分的中间是竖，“杂”字下边部分的中间是竖钩。魏文说“用电脑打字，活动窗口显示的‘尖’字通常是带钩的‘尖’”，带钩的“尖”是不规范字形，不能作为讨论字形归类的论据。“杂”归木部，“尖”

归小部，属于部首检字法里的归部问题，和笔形的归类没有关系。用没有关系的事情作为论据，没有说服力。魏文用“黽”字为例说明现行字形存在着错误。在文化部、文改会发布的《印刷通用汉字字形表》里，“黽”的规范字形是13画，左边的两组笔形都是竖和横，不是竖折。国家语言文字工作委员会发布的《GB 13000.1 字符集汉字笔顺规范》和《GB 13000.1 字符集汉字字序（笔画序）规范》和《印刷通用汉字字形表》一致，“黽”字都是13画。这两部规范还规定“黿”字17画，“鼂”字18画，“蠅繩”字19画，“鼇”字23画，“鼉”字25画。这几个字里的“黽”都是13画。规范是明确的，在规范的执行中有时会出现违背规范的事例，按照规范加以纠正就是了，不能把执行规范时产生的错误当作规范本身的错误。

我们主张竖钩归折，主要理由是竖钩不是竖而是折，折自然要归入折，而不能归入竖。在现行的笔形归类里，除了竖钩以外的其他钩都归折，唯独竖钩是例外。例如“弋”的第二画，“钅”的第三画，和“宀”的第三画都归折。同样是竖钩，钩向右的归折，如“氏”的第二画，而钩向左的就不能归折，一定要归竖。“豕”字的第三画，钩也向左，可是又归折，理由这是弯钩。弯钩和竖钩都是向左的钩却要区别对待。现有笔形归类存在的这个矛盾给识字教学和笔画检索造成了不便，应该加以解决。魏文不赞成我们的看法，以提可以归入横、捺可以归入点为理由，论证竖钩可以归入竖，殊不知它们之间的性质不同，不能类比。我们把二三十种笔形归并为横、竖、撇、点、折五大类，也就是“札字法”的分类。因为五大类里没有提和捺，所以才要把提并入横、把捺并入点；竖钩非竖而是折，五大类里有折，所以竖钩理所当然地要归入折。竖钩归入折可以解决提手旁和土字旁的混排问题，当然它不能解决其他笔形的混排问题。如果说因为它不能解决其他笔形的混排问题，只能解决提手旁和土字旁的混排也成为不必要，这是奇怪的逻辑。魏文说“即便从写字来说，对待手写体（包括印刷手写体）中某些笔形的传统写法也应该宽容，竖和竖钩有时不必过于计较”，竖钩的归类属于宋体字的范畴，不要和手写体混在一起。“不必过于计较”的想法，和推行字形规范的目标自然也是不合的。至于说“有时候该写竖还是竖钩让人拿不准，竖钩归竖问题就解决了”，这更是匪夷所思了。当“该写竖还是竖钩让人拿不准”时，查查规范字典或者问问知道怎么写的人就解决了。如果就是为了解决这样的问题而强令竖钩归竖，所持的理由未免太没有说服力了吧。

（《中国语文》2004 年第 1 期）

要正确理解“统读”

1985年12月27日由国家语委、国家教委、广电部联合发布的《普通话异读词审音表》使用了“统读”这个术语。什么是“统读”?《普通话异读词审音表·说明》指出:“在字后注明‘统读’的,表示此字不论用于任何词语中只读一音(轻声变读不受此限),本表不再举出词例。”要贯彻《审音表》的规定,就要正确理解这条《说明》。《审音表》的审定对象是“异读词”,可是在“异读词”的前面有个限定成分是“普通话”。这就说明“统读”只适用于普通话,不适用于古汉语和现代汉语方言。有的人只注意到“不论用于任何词语中”,但是忽略了“普通话”这个大前提,结果造成了对《审音表》的误用,产生了混乱。

例如,中学语文课本里的《工之侨献琴》一文中有“匣而埋诸土,期年出之,抱以适市”句,其中的“期年”是古汉语词,指一周年。其中的“期”古代字书注为居之切,折合为现代的读音就是jī。这个“期”也写作“朞”。这个意义现代汉语里不用,它的读音不属于《审音表》审定的范围,不能“统读”为qī。“期待”“日期”等的“期”,来自《说文·月部》

“期，会也”。古代字书注为渠之切，折合为现代的读音就是 qī。2004 年版《现代汉语规范词典》的“期”字头下只有 qī，没有 jī，义项⑤是：“〈文〉一周年；一整月：期年 | 期月。”而且在大字头后面标明“朞”是义项⑤的异体。在“提示”里还特意指明：“‘期年’‘期月’的‘期’，旧读 jī，现统读 qī。”这是没有正确理解“统读”，把文言里的期年、期月的“期”误读为 qī。它受到批评后做了挖改，在 2005 年版里删去了义项⑤，把“提示”改为“统读 qī，不读 jī”，但是挖改不仔细，保留了大字头后的“朞”，还标明是义项⑤的异体，而 2005 年版的义项⑤已经不是“一周年；一整月”，而是“等待；盼望”，与“朞”没有关系。改了旧错，又添新错，向社会推荐这样的词典应该慎重。

下面再举出几篇中学语文课文中涉及统读字的例子。《唐雎不辱使命》一文中有“聂政之刺韩傀也”句，其中“韩傀”的“傀”在古汉语里是魁伟、高大的意思，读 guī。《审音表》里“傀”统读 kuǐ，审定的是“傀儡”的“傀”，而“韩傀”的“傀”不属于《审音表》审定的范围，不能依统读注为 kuǐ。古汉语的“骑”有两读：名词指骑兵，读 jì；动词指骑马，读 qí。《江城子・密州出猎》中“锦帽貂裘，千骑卷平冈”里的“骑”是名词，应该读 jì。现代白话文里的“骑”也有名词的用法，如“轻骑”“铁骑”里的“骑”，习惯读 qí，所以《审音表》审定“骑”统读为 qí。但是“骑兵”的“骑”在古代可以单用，现代不能单用，两者不同，所以古汉语里的“骑”还是不属于《审音表》的范围，不应该读 qí。徐世荣先生说：“朗读文言诗文（自然都用今音朗读），名词‘骑’字似仍以读 jì 为宜。”（《普通话异读词审音表释例》第 160 页）至于白话文《秃鹰之死》里的“有的患者出现痉挛”的“痉”，在古代声母属浊上，按照浊上归去的规律今音该读去声。《审音表》审定统读 jìng，自然应该照《审音表》去读。

（《语言文字周报》2006 年 3 月 8 日）

关于“记念”和“纪念”

——答杨荣树先生

我在《语文教学和汉语规范化》这篇文章里谈到了异形词的整理问题，并以鲁迅先生的《记念刘和珍君》为例，认为鲁迅文章里的“记念”和我们经常使用的、词义是“用事物或行动对人或事表示怀念”的“纪念”是异形词，应该规范，建议把“记念”改为“纪念”。杨荣树先生在《内江师范学院学报》2002 年第 1 期发表《关于现代汉语词语规范化的一点建议》，对我的看法提出了商榷，认为《记念刘和珍君》里的“记念”和我们经常使用的“纪念”词义不同，不能构成异形词，自然也不应该把“记念”改为“纪念”。这种看法的分歧不但涉及对词义的理解，也涉及对异形词构成成分的理解，有必要讨论清楚。

杨先生引用《现代汉语词典》（1996 年版）决于“记念”的解释，《现代汉语词典》里有两个“记念”。为了说明的方便，我们叫“记念”1 和

“记念”2：

【记念】1 jìniàn 同“纪念”。

【记念】2 jì·niàn 惦记；挂念：心里记念着家乡的亲人。

我认为《记念刘和珍君》里的“记念”同《现汉》里的“记念”1，和“纪念”构成异形词，杨先生认为《记念刘和珍君》里的“记念”同《现汉》里的“记念”2，和“纪念”不能构成异形词。这两种看法哪一种比较符合语言事实呢？这涉及到词的同一性，也涉及到异形词构成的同一性。因为语言的词汇是音义结合体，要研究词的同一性必须从音义两个方面入手。而异形词并不是一个词而是一组词，这一组词并存并用而且同音同义，只是书写形式不同。这就是说，异形词的构成成分必须是同音同义。下面就从音和义两方面进行讨论。

先说读音。《现汉》告诉我们，【记念】1 读 jìniàn，第二个音节不能轻读；【记念】2 读 jì·niàn，第二个音节既可以不轻读也可以轻读。《记念刘和珍君》里的“记念”可以轻读吗？不可以。怎么证明？可以请人用普通话读“记念刘和珍君”这个标题，先不轻读然后再轻读。请几位语文水平较高的朋友来评判，确认哪种读法正确。我相信，这个“记念”是不能轻读的。这个结论杨先生可能不接受，认为读得不对，就是可以轻读。那又怎么办呢？可以用类比法来检验。毛泽东发表过一篇《纪念孙中山先生》，今年我们要“纪念《汉语拼音方案》公布 45 周年”，这两个“纪念”和《记念刘和珍君》的“记念”意义和用法相同。这两个标题里的“纪念”不能轻读，通过类比，可以证明《记念刘和珍君》里的“记念”也是不能轻读的。再看意义。《现汉》告诉我们：“记念”1 同“纪念”，《现汉》里“纪念”的第一个义项是“用事物或行动对人或事表示怀念：用实际行动纪念先烈”。而“记念”2 的意义是“惦记；挂念”。显然，“惦记；挂念”只能用于活人，不能用于死人；而“怀念”既可以用于活人，也可以用于死人。刘和珍、杨德群在三一八惨案中壮烈牺牲了。鲁迅先生说：“始终微笑的和蔼的刘和珍确是死掉了，这是真的，有她自己的尸骸为证”。所以这个“记念”只能是“怀念”，而不能是“惦念；挂念”，也就是说只能和“记念”1 有同一性，不能和“记念”2 有同一性。此外，我们还要考虑词的体语风格。“纪念”这个词的历史不过一二百年，现在它很活跃，既可以用于书面语，也可以用于口语，而“记念”2 历史比较长久，《汉语大词典》里有元代的用例，现在主要用于口语。像《记念刘和珍君》《纪念孙中山先生》的“记念”“纪念”，都是用在书面语里的。这也可以证明，《记念刘和珍君》里的“记念”是《现汉》的“记念”1，而不是“记念”2。综合以上三个方面，可以确定《记念刘和珍君》里的“记念”和《现代汉语词典》里的“纪念”1 具有同一性，构成一组异形词，和《现代汉语词典》里的“记念”2 不具有同一性。

杨先生在文章里没有用我们上面提出的语言学的论证方法，而是从对文章内容的理解入手，作出判断的。他说：“一般说来，‘纪念’表现一种群体有时甚至一个团体整体怀念性活动，如纪念毛泽东同志诞辰一百周年，从活动方式上具有时间和场合特定性和情感外化特点！而表‘惦记、挂念’词义的‘记念’却属于分散个体情感体验式的心理活动方式，具有内蕴性、独白性的特点。”我们就用杨先生的这个观点来分析《记念刘和珍君》里的“记念”。鲁迅先生明明白白地告诉我们：“中华民国十五年三月二十五日，就是国立北京女子师范大学为十八日在段祺瑞执政府前遇害的刘和珍杨德群两君开追悼会的那一天，我独在礼堂外徘徊”。这样的背景正符合杨先生关于使用“纪念”的条件，鲁迅先生的纪念文章是在这种背景下产生的，怎么能把纪念文章和追悼两位烈士的活动强行区分开来呢？杨文还认为鲁迅的文章，“是对刘和珍等青年慈父般惦念、思念，是把他们当着仍然活着一样来牵挂”，这种看法从《记念刘和珍君》这篇文章里找不到根据。鲁迅先生在文章里说："这回却很有几点出于我的意外。一是当局者竟会这样地凶残，一是流言家竟至如此之下劣，一是中国的女子临难竟能如是之从容。"这哪里有"慈父般惦念、思念"，哪里是"把他们当着仍然活着一样来牵挂"？

词的同一性和异形词构成的同一性是语言学问题，就要用语言学方法来解决。当然可以辅之以文学分析，但是分析要实事求是，尊重作品表达的思想。这才是学术研究应该采取的正确态度。

（《内江师范学院学报》2004年第1期）

中国语文现代化的科学阐释

——《周有光语言学论文集》编选序言

一、本书的作者周有光先生

周有光先生是我国著名的语言文字学家，1906 年 1 月 13 日出生于江苏常州。当这本论文集出版的时候，周先生已经进入百岁遐龄。我们编选这本论文集，为的是向读者推荐周先生的学术思想，同时也是向周先生百岁华诞表示祝贺：我们衷心祝愿这位令人敬仰的世纪老人健康长寿，青春永驻。

周有光先生原名周耀平。1923 年就学于上海圣约翰大学，学习经济学。1925 年因五卅惨案离校，改入由爱国师生创办的光华大学继续学习，1927 年毕业。1927 年至 1948 年，任教于光华大学、江苏教育学院、浙江教育学院等校；任职于江苏银行和新华银行，并由银行派驻美国纽约和英国伦敦。1949年上海解放后回国，任教于复旦大学经济研究所和上海财经学院，讲授经济学，业余从事语言文字研究。1955年奉调到北京，进入中国文字改革委员会，专职从事语言文字研究。周先生来到北京后，先后担任中国文字改革委员会委员、国家语言文字工作委员会委员、中国社会科学院研究生院教授、语言文字应用研究所研究员、《汉语大词典》学术顾问、《简明不列颠百科全书》(中文版)“中美联合编审委员会”中方三编审之一、《不列颠百科全书》(国际中文版)“顾问委员会”中方三顾问之一、中国语文现代化学会名誉会长。20世纪50年代曾应邀在北京大学、中国人民大学讲授汉字改革等课程。周先生还曾任全国政协委员、全国政协教育组副组长。

半个多世纪以来，周先生在语言文字学领域辛勤耕耘、开拓创新，先后发表专著近30部、论文300多篇，在国内外产生了广泛的影响。周先生的研究领域十分广泛，研究的中心是中国语文现代化。他对中国语文现代化的理论做了全面的科学的阐释。

二、本书的主要论点

这本论文集选收了周先生的学术论文42篇。下面简要介绍这些论文的主要论点（有个别论点引自未收入这本文集的周先生的其他著作），供读者参考。

1. 人类语言生活的历史进程。人类形成的时候语言就开始萌芽了。距今一万年前人类社会进入了农业化时代，在农业化时代的后五千年里人类创造并传播了文字。距今三百年前进入了工业化时代，工业化时代的语言生活发生了两件大事：一件是确立和普及国家共同语，另一件是发明、发展和推广传声技术。二次世界大战以后进入了信息化时代。信息化时代的语言生活有两件突出的事情：一件是电子计算机的发明，电子计算机用于处理语言文字，并发展为信息网络；另一件是国际共同语的发展。文字、国家共同语、传声技术、电子计算机和国际共同语，这就是人类语言生活里先后出现的五件大事。其中的文字、传声技术和电子计算机提高了语言的传播功能，国家共同语和国际共同语扩大了语言的流通范围。当前，发达国家的目标是推进信息化，发展中国家的目标是追赶工业化和信息化。

2. 中国语文现代化的兴起与取得的成就。中国自鸦片战争以来开始了现代化的进程，与社会发展的这一总趋势相适应，兴起了中国语文现代化运动。一百多年前的中国语文生活的特点是：方言加文言，汉字繁难，文盲众多。这样落后的语文生活妨碍了教育的发展，影响了中国现代化的发展。综观中国语文现代化一系列运动的要求，可以归纳为四个方面，就是：语言的共同化，文体的口语化，文字的简便化和注音的字母化。到了现在，中国语文生活的特点已经发展为：普通话加现代白话文；汉字经过整理和规范化，繁难的程度有所降低，而且有了辅助汉字的汉语拼音。中国语文现代化支持了中国的现代化。

展望21世纪的华语和华文，它的变化趋势是：（1）规范的华语将在全世界华人中普遍推广。（2）汉字将成为定形、定量、规范统一的文字。（3）汉语拼音将帮助华文在网络上便利流通。

3. 中国的双语言生活。现代是双语言时代，一个多民族多语言的国家既需要国家共同语，又需要国际共同语。日常生活和本国文化用国家共同语，国际事务和现代文化用国际共同语。中国的双语言原来是指推广普通话：从只会说方言，到既会说方言又会说普通话。方言是家庭和乡土语言，普通话是学校和社会语言，这是国内双语言。现在又有了第二种含意：就是从只会说普通话，到既会说普通话又会说英语，这是国际双语言。英语已经成为事实上的国际共同语，它不仅没有阶级性，而且也没有国家的疆界。它是一条大家都可以走的世界公路，谁利用它，谁就得到方便。

4. 汉字的两面性。任何文字都有技术和艺术的两面性，拼音文字技术性强而艺术性弱，汉字相反，技术性弱而艺术性强，汉字的艺术优势掩盖了技术劣势。在从古代文明转变到现代文明的历史转折时期，汉字既是古代文明的宝贝，又是现代文明的包袱。汉字难学难用，主要不在笔画繁，而在字数多。字符从多到少，从无定量到有定量，是文字进化的规律。为了降低汉字的学习和使用的困难，要限制汉字的字数，利用常用字，淘汰罕用字，实现汉字的规范化。同时发挥汉语拼音的作用，在汉字不便使用或不能使用的地方使用汉语拼音。

汉字学包括三个部分，就是：(1) 历史汉字学；(2) 现代汉字学；(3) 外族汉字学。现代汉字学研究现代汉字的特性和问题，目的是为今天和明天的应用服务，减少汉字在现代生活中的不方便。

5. 比较文字学的研究。为了找寻汉字在人类文字史上的地位，要研究比较文字学。为了给世界各种文字分类，要建立文字“三相”分类法。所谓“三相”就是文字特征的三个方面：符号形式、语言段落、表达方法。任何一种文字都有“三相”，“三相”的综合聚焦就是这种文字的类型。例如现代汉字属于“字符·语词和音节·表意和表音”的意音文字。综观5500年的历史，文字的发展方向是“表形、表意、表音”，个别文字如此，文字系统也如此。汉字在中国只有量变，没有质变。传到日本，从书写汉语到书写日语，从万叶假名变为平假名和片假名，这是从表意到表音的质变。文字的演变和发展是极其缓慢的。

文字有极强的惯性；历史越久，应用越广，惯性越强。不论你是喜欢汉字，还是讨厌汉字，下命令废除汉字是行不通的，也不会出现这样的命令。汉字在中国相当稳定，现在没有改为拼音文字的迹象，拼音只是一种辅助汉字的工具。

6. 汉语拼音方案的制订与推行。汉语拼音有三个原则：(1) 拉丁化，采用世界使用最广的拉丁字母；(2) 音素化，采用音素制的音节结构；(3) 口语化，拼写北京语音的语音系统。汉语拼音有三个“不是”和三个“是”：(1) 不是汉字拼音方案，而是汉语拼音方案。(2) 不是方言拼音方案，而是普通话拼音方案。(3) 不是文言拼音方案，而是白话拼音方案。《汉语拼音方案》的制订，使汉语的字母从“民族形式”到“国际形式”，从“国内使用”到“国际使用”，从“国家标准”到“国际标准”。汉语拼音方案是以音节为单位的拼写法规则。为了使汉语拼音能够拼写汉语，还必须建立汉语拼音正词法，也就是以词为单位的拼写规范。

7. 中文信息处理的双轨制。为了使中文信息处理赶上时代的发展，必须采用双轨制：一方面有汉字的计算机，另一方面有汉语拼音的计算机。输入拼音、机器自动转换为汉字的“拼音转变法”已经成为中文信息处理的主流。中国语文要想在国际互联网上占有适当的位置，必须利用拼音正词法作为汉字文本的处理媒介。网络化离不开汉语拼音，离不开正词法。汉语拼音是电脑和中文的接口。开放的中国正在跟世界接轨。汉语拼音是中国文化和国际文化相互交流所必须经过的国际文化桥梁。

8. 现代文化研究。语言文字是信息的载体，与文化密切相关。中国在现代化的路程上，一方面必须接受世界的先进文化，同时也必须吸收传统文化里的有益的成分。现代文化和传统文化是并行不悖的。利用传统的好处是：行远自迩、驾轻就熟，符合习惯、事半功倍，可是利用传统文化必须警惕食古不化、以古害今。华夏文化既有光环，又有阴影，阴影有时盖过了光环。高声歌颂光环而不敢正视阴影是自已欺骗自已，正视阴影是争取进步的起点。

以上八个方面构成了中国语文现代化理论的科学体系，是周先生贡献给社会的宝贵财富。

三、中国语文现代化在争论中前进

周先生说："中国的语文要不要改革，从'五四'白话文运动起就是有争论的。白话文运动发展到简化汉字和拼音化，争论越来越大，而且争论从中国国内扩大到世界各地的华侨社区。有争论是好现象。真理愈辩愈明。批评是改进工作的动力。中国的文字改革是在争论中前进的。""语文的前进思潮不断遇到复古思潮的阻拦，相互抵消力量，使改革欲行又止。""中国语文的现代化是在一起一伏的波浪中前进的，因此进展缓慢。缓慢是语文演进的规律。在'文化大革命'之后的今天，中国内地的语文思潮进入一个新的复古时期。经验告诉我们，退潮之后会有涨潮。历史的总趋势是前进。"

我们认为，语文领域的复古思潮最终不能阻挡语文改革的进行。中国语文现代化是中国现代化的一部分，它顺应了历史发展的潮流，得到多数民众的理解和拥护。试想：如果不推广普通话，只用方言，许多情况下交际就无法进行，还谈得上什么工业化和信息化？如果不用白话文，而用脱离口语、脱离现代生活的文言文，怎么能反映现代的政治、经济、文化的发展？怎么能满足现代书面交际的需要？如果汉字不提倡规范化，书写费时费事，会给书面交际造成多少障碍，会给网络传输增加多少困难？如果不用汉语拼音，用反切或者注音字母，遇到汉字不便使用或不能使用的地方又该怎么办呢？上面说的这些问题都是知识分子和广大民众在工作和生活中经常遇到的。

2000 年 10 月 31 日全国人大常务委员会通过了《中华人民共和国国家通用语言文字法》，标志着我国语言文字的管理走上了法治轨道。《国家通用语言文字法》规定："国家通用语言文字是普通活和规范汉字。""国家推广普通话，推行规范汉字。""国家通用语言文字以《汉语拼音方案》作为拼写和注音工具。"普通话、规范汉字、汉语拼音这三样东西都是中国语文现代化的产物，都是我国语文生活沿着现代化方向前进而必须坚持的东西。

四、向周有光先生学习

我们要认真学习周有光先生关于语文现代化的论述，坚定中国语文改革前进的方向。语言文字研究可以分为本体研究与应用研究两个方面，中国语文研究的传统是重本体、轻应用。语文现代化研究属于应用研究，也往往受到轻视。周先生重视本体研究，但是绝不轻视应用研究，几十年来把语文现代化作为研究的重点。语文现代化从清末开始到20世纪50年代，时间不短了，遇到的问题也不少了，但是真正学术意义上的研究还很少；而周先生努力把语文现代化研究跟语言学挂钩，使语文现代化成为一门可以言之成理的系统学问，并且用它来指导实践。这是周先生对我国语文事业做出的贡献。我国的语文改革问题十分复杂。学习周先生的论著，可以帮助我们树立科学的语言观，分清语文改革里的是与非、前进与后退。

我们要学习周先生从世界来看中国。周先生是老一辈语言文字学家，已届耄耋之年，但是论学术思想他却一直走在时代的前面，不断提出新的思想，引导语文工作前进。周先生所以能够这样，重要的原因是他有世界的眼光，能从世界来看中国。他研究语文问题，从来不把中国和世界分隔开来，而是把中国放在世界的范围内、作为世界的一部分。再加上他博学多识、学贯中西，所以能高屋建瓴，洞悉事物的本质，提出具有指导意义的意见。我们要学习周先生勤奋不息、勤于笔耕的精神。周先生在学术研究上尽管已经取得丰硕成果，但他并不满足，仍在努力获取新知。他的阅读范围广，阅读效率高。82岁学电脑，93岁出版专著《比较文字学初探》，这在中国学术界是少见的。

周先生的学术思想蕴藉精深、广博邃密。这本论文集选收的文章只是周先生著作的一小部分，要研究周先生的学术思想还必须认真研读他的专著，例如《汉字改革概论》、《中国语文纵横谈》、《中国语文的时代演进》、《世界文字发展史》、《比较文字学初探》等。我们相信，这本论文集的出版将会使更多的人有机会阅读周先生的著作，这对中国语文事业的发展将产生积极的影响。

（《周有光语言学论文集》，商务印书馆2004年出版）

语文现代化这个筐子里该装什么东西?

《现代语文》2005 年第 5 期发表了余昊东先生写的《试论语文现代化与语文教学现代化》，余先生认为“语文现代化包括四大方面：1. 语言文字本体的现代化；2. 语言文字应用的现代化；3. 语言文字研究的现代化；4. 语言文字理论的现代化”。余文把这四大方面一股脑都装进了语文现代化这个筐子里，本文拟就什么是语文现代化这个问题谈一点看法。

余文认为语文现代化的第一个方面是“语言文字本体的现代化”，“语言文字本体的现代化包括确定汉语的规范，推广普通话，书面语体以口语为基础，即使用白话文，制定并推行汉语拼音方案规范并使用简化汉字。”下面我们来讨论这个问题。什么是“本体”？我们认为这里说的“本体”不是指哲学意义上的“本体”，而是指语文意义上的“本体”，也就是指事物的“自身”。那么“语言文字本体”是什么呢？语言的本体是音义结合的词汇语法体系，文字的本体是由字母或字符组成的符号体系。这样的本体是自语言文字产生以来就一直存在的，谈不上什么现代化不现代化。如果说语言文字自身就有什么现代化，那么语言文字自古就已经有现代化了，不要我们去做什么了。如果说“语言文字本体”指的是语言文字的内部结构，例如普通话语音系统里有i、u、ü三个介音，汉语的偏正短语是修饰语在前、中心语在后，汉语合成词的构成以复合构词为主，汉字分为独体字与合体字等等，这样的本体也谈不上现代化。因为它们是按照自身的发展规律而发展，并不是随着社会进入现代化时期而产生某种变化。例如并不随着中国社会进入现代化时期，i、u、ü三个介音有什么变化，偏正短语的修饰语由在中心语之前改为在中心语之后等等。如果认为语言文字本身随着社会进入现代化时期而发生某种相应的改变，是没有事实根据的。因为语言文字本身的种种变化并不是直接反映社会的发展。虽然一般词汇的发展能比较直接地反映社会的发展，但是我们知道作为词汇系统核心的基本词汇，具有很强的稳固性，在语言经历的千百年里是保持不变的。“现代化”是社会学要研究的问题，语言本体的发展是语言学要研究的问题，两者没有直接的联系。因此，提出语言文字本体的现代化，并且把它归入语文现代化的里面是没有根据的，如果按照这种认识去指导语文工作，硬要语言文字自身按照社会发展的进程而改变，势必给实际语文工作带来伤害。至于余文提出的推广普通话、使用简化字等等，不是语言文字自身的现代化，而是余文说的第二点“语言文字应用的现代化”。

余文提出的第二个方面“语言文字应用现代化”，指的是“语言文字在应用时必须符合现代化的要求”。

我们的看法和余文大体是一致的，不过具体的内容还有不同。因为语文的发展和社会的发展是密切相关的，所以当社会进入了现代化时期，为了满足社会交际的需要，作为交际工具的语文也必须适应或满足这种需要。对那些不能适应这种需要的部分要进行相应的改革。这里说的改革，指的是社会语文生活的改革，也就是语文应用的改革。这种改革过去叫文字改革，现在叫语文现代化。周有光先生把一百多年来的中国语文现代化概括为四个方面，就是：语言的共同化、文体的口语化、汉字的简易化、表音的字母化。如果考虑到电脑网络的发展，还可以加上信息处理的电脑化。这就是中国语文现代化的内涵。

我们说的语文现代化并不包括语文规范化，这是我们和余文的看法不同的地方。社会语文生活包括两个大的领域，就是语文现代化和语文规范化。作为交际工具的语言文字具有变动性和稳定性两重特性。基于语言文字的变动性，产生了语文改革。语文现代化就是当代的语文改革。当中国社会进入现代化的历史时期，中国的语文要适应这种变化、服务于这种变化，于是有了近百年的语文现代化运动，这一运动作出了很大的成绩。基于语言文字的稳定性，产生了语文规范化。只有规范化的语言文字，才能保证语文交际准确、有效地进行，才能促进精神文明建设。语文现代化和语文规范化，相辅相成，互相推动，缺一不可。没有语文现代化，只强调语文规范化，语文生活有可能停滞不前；相反，只强调语文现代化，忽视语文规范化，就会使语文规范化意识模糊，会给社会语文应用带来混乱。

新中国建立以来，国家对语文现代化和语文规范化这两个方面都十分重视，都做了大量工作。例如1955年10月，在北京先是举行全国文字改革会议，研究语文现代化问题；接着举行现代汉语规范问题学术会议，讨论汉语规范化问题。1986年中央制定的新时期语言文字工作的方针是："贯彻、执行国家关于语言文字工作的政策和法令，促进语言文字规范化、标准化，继续推动文字改革工作，使语言文字在社会主义现代化建设中更好地发挥作用。"这个方针既包括促进语言文字规范化，又包括继续推动文字改革。前者是指语文规范化，后者是指语文现代化，这是全面推进新时期语言文字工作的正确方针。可是在贯彻这个方针时，有人却片面地理解方针，只强调汉语规范化，不提语文现代化。有人完全置语文现代化于不顾，宣传国家的语文工作就是制定规范并且推行规范。这种认识带有很大的片面性。

在语文现代化和语文规范化的关系上，有两种看法都是不妥的。一种是把语文规范化归入语文现代化，扩大了语文现代化的内涵。余文属于这一类，例如他把“确定汉语的规范”也列入语文现代化的内容，这种看法和新中国语文工作的历史不完全相合，和我们实际的语文工作也不相合。另一种是把语文现代化归入语文规范化，用语文规范化排斥语文现代化。这同样不利于语文事业的开展。《汉字文化》杂志属于这一类。这本杂志发表了许多文章，反对语文现代化。例如它在1995年第1期第36页说：“‘语文现代化’的提法并不科学，也无法付诸实施。那么，就不如依旧用‘语言文字规范化’的提法，因为这后一种提法能够反映问题的实质。”总之，我们认为语文现代化指的是语言文字应用的现代化，也就是社会语文的现代化。它不包括语文规范化，尽管两者有密切的联系。

至于余文说的第三第四两个方面，本文不做讨论，只想提出一个建议，就是这两个方面不必放到语文现代化这个筐子里，就叫“语言文字研究的现代化”和“语言文字理论的现代化”不是很好吗？语文现代化这个筐子只装语言文字应用的现代化就可以了，它装不下许多不属于它的东西。泛语文现代化可能害了语文现代化。一个学科的建立要有明确的研究对象；对象不明确，外延过大或过小，都会对学科的发展带来危害。

以上所述未必妥当，敬请余昊东先生和广大读者指正。

（《现代语文》2005年第10期）

汉语拼音与汉语拼音化

——答某报记者问

【问】您是上个世纪三十年代出生的人，在您读中小学的时候应该还没有接触过拼音吧？后来你是怎样学会的呢？在学习的过程有没有困难？

【答】我是1935年出生在天津，1942年上小学。在小学时就学会了注音符号，就是ㄅ、ㄆ、ㄇ、ㄈ那一套，字母采用的是笔画简单的古汉字。用它来给汉字注音没有困难，但是不能用来拼写汉语。如果用它来拼写汉语，就像打翻了火柴盒后的火柴，横七竖八摆了一堆，写起来会混杂，看起来要眼花。

【问】拼音方案在出来的时候是否得到大学生的支持和理解？那时的大学生学习拼音方案的热情高不高？现在看来拼音方案走对了吗？

【答】1958年2月11日，第一届全国人大第五次会议通过《汉语拼音方案》的时候，我正在北大中文系读一年级。那时的学生很单纯，对于党和国家的各种决定都十分相信，都十分支持。《汉语拼音方案》通过后不久，我们班上的同学就走向社会积极宣传方案。那时北大有职工业余学校，我们就去业校向参加学习的职工讲授方案。海淀区东升乡办农民夜校，我们在晚上也去那里向农民讲授方案。我们是年青的学生，热情很高，认为利用课余时间去推行方案，是中文系学生的分内事。不过这种活动没有坚持多久就停了下来，至于为什么停下来也记不清了。那时没有成熟的拼音教学法，就是照着《汉语拼音方案》原原本本地教，先教《字母表》，再教《声母表》。我们是低年级的学生，掌握的语音学知识也很有限，教学中遇到许多的难点，也还不知道该怎么解决。《汉语拼音方案》的制订是及时的，也是非常必要的。它给我们国家的文化建设带来了深远的积极的影响，是新中国语文改革取得的一项突出成就。

【问】拼音方案在颁布以后起了什么作用，在文化普及工作中起了什么作用？您怎么看待拼音方案的价值？

【答】《汉语拼音方案》的颁布并推行，具有十分重要的意义。汉字是记录汉语的唯一法定文字，有许多优点，但是它也有不便使用或不能使用的领域。汉语拼音是辅助汉字记录汉语的工具，在汉字不便使用或不能使用的领域，要充分发挥汉语拼音的作用。例如，用汉字给汉字注音，古人有直音和反切，但是十分不便，改用汉语拼音给汉字注音，得心应手。又如，拼音文字可以在电报机上直接发报，汉字因为字数太多，本身又不表音，不能直接发报，这是汉字不能使用的领域，但是汉语拼音就可以使用。这样的领域还有很多，想一想就可以知道了。

21世纪，世界进入了全球化和信息化的时代。不表音的汉字不便于走向世界，不便于利用电脑和网络，而汉语拼音就可以弥补汉字的不足，使中文比较容易地适应全球化和信息化时代的要求。例如，我们出国的护照上面如果只有汉字的姓名，许多国家的海关人员不认识汉字，我们入境时会遇到困难，如今有了汉语拼音拼写的姓名，外国的海关人员容易识别了，通关时比较方便。再如，拼音文字通过小键盘输入电脑十分容易，汉字的自动识别至今还没有完全解决，无法直接进入电脑，而输入汉语拼音，通过软件转换为汉字，是目前绝大多数知识分子输入汉字采用的方法。

今天我们在推动社会主义文化大发展大繁荣的时候，汉语拼音大有用武之地，可惜社会上有些人没有认识到这一点，还在有意无意地忽视拼音，限制拼音的使用，在教学中削弱拼音教学。我们要多做宣传解释，努力创造条件使汉语拼音更好地发挥作用。

【问】汉字在对外交流的时候遇到什么样的困难？拼音方案颁布以后，解决了外国人学习汉语的难题吗？汉语拼音在多大程度上有助于外国人学习中文呢？

【答】改革开放以来，世界上汉语热持续升温。外国人，首先是欧美人，学习汉语除了声调比较困难外，一般不感到特别困难，但是学习汉字却十分困难，因为汉字和西方的拼音文字是性质不同的文字。先学拼音再学汉字，利用拼音帮助学习汉字，就使得汉字的学习容易得多。到目前为止，这已经成为对外汉语汉字教学的常态，普遍为各国教学汉字时所采用。汉语拼音给汉语汉字插上了翅膀，帮助它们飞向全世界。如果你是十分支持汉语汉字走向世界的话，就请你大力支持汉语拼音。

【问】今年是《汉语拼音方案》颁布50周年，您怎么看50年来汉语拼音在我们人民的语文生活中所起的作用？现在好像也还有人不赞成汉语拼音，是吗？

【答】50年来，我们在汉语拼音方面取得了三大成就。第一是成功地制订了《汉语拼音方案》，正如周总理说的，“这个方案，比起历史上存在过的以及目前还在沿用的各种拉丁字母的拼音方案来，确实更加完善。”第二是推行了《汉语拼音方案》，第三是扩大了《汉语拼音方案》的使用范围。今年是《汉语拼音方案》颁布50年，语文学界准备举办一些活动纪念这个年份。山东卫视拍摄了五集电视专题片《汉语拼音50年》，我参加了这项工作，播出后听到的反映都是正面的。当然，社会上也有少数人不赞成汉语拼音，这并不奇怪。我相信经过宣传解释，不赞成的人会变成赞成。我知道也有个别人发出了杂音，不过没有人拥护他的主张，他是很孤立的。有人说："《汉语拼音方案》当时并不是给汉字注音设计的，而是作为代替汉字的文字方案设计的，因此，今天作为给汉字注音是有缺陷的。做错了，应该勇于承认错误，不能文过饰非，不承认错误就是坚持错误。这是很可怕的。"这真是颠倒黑白！《汉语拼音方案》在制订过程中对某些提法做过改动，这是完全正常的，有什么可以指责的呢？全国人大通过的关于《汉语拼音方案》的决议明确指出"汉语拼音方案作为帮助学习汉字和推广普通话的工具"，而某些人却硬要把它歪曲成代替汉字的文字方案，而且无中生有地说用《汉语拼音方案》给汉字注音是"有缺陷的"。有什么"缺陷"？为什么不具体说出来？当年参加《汉语拼音方案》制订的周有光先生告诉我们：《汉语拼音方案》的制订是由毛主席和周总理亲自领导，由胡乔木承上启下，指导工作。而某些人却说制订方案是"做错了"，而且说我们是"坚持错误"！这种说法完全没有事实根据。

【问】记得上个世纪五六十年代"汉字拼音化"是主流的观点吧？你当时有没有想象过拼音化以后汉字会变成什么样子？当时大家对这个事情都做好心理准备了吗？当时有没有什么领域或者群体尝试过完全用拼音作为文字？

【答】"汉字拼音化"最好改为"汉语拼音化"，因为拼音文字拼写的是汉语，而不是汉字。汉语拼音化指的是用拼音文字代替汉字来拼写汉语，或者实行汉字和拼音文字的双文制。拼音文字比汉字好学好用，更适合科学技术的新发展，这是晚清以来随着西学东渐兴起的思潮。民国时期产生的国语罗马字和拉丁化新文字，本来就是拼音文字。新中国建立之初，继承了清末以来语文改革的传统。毛泽东主席在1951年就说："文字必须改革，要走世界文字共同的拼音方向。"我国的著名语言学家王力先生、吕叔湘先生都积极支持实现汉语拼音化。有没有什么领域或者群体尝试过完全用拼音作为文字？有，而且取得了成功。王照在1900年制订"官话合声字母"，推行十年，遍及十三省，编印各种出版物六万多册，广为流传。又如，居住在吉尔吉斯斯坦的东干族，本来是居住在陕甘一带的回族，19世纪60至80年代迁徙到原苏联地区。他们出走时没有带去汉字，1928年以后采用拉丁字母，1953年以后改用斯拉夫字母，拼写自己的语言，取得成功。再如，1931年在苏联制订的北方话拉丁化新文字，用在苏联远东地区的华工中扫除文盲，取得成功。1933年传到中国，鲁迅欢呼认为是"中国语文的新生"。1935年在陕甘宁边区用它来扫盲，取得很好成效。一个十八岁的农村不识字的妇女叫周子桂，学习拉丁化新文字，在一个月中就能看书写信，这就证明拼音文字容易学会容易应用。从语言的特点看，藏语和汉语是亲属语言，结构相似。自公元7世纪就有了拼音藏文，一直用到现在。以上的事实说明，认为汉语不能采用拼音文字的看法是没有根据的。

【问】可是在那个时代以后，"汉语拼音化"的进程一下就停顿了下来，在颁布了拼音方案以后也没有真正的走向拼音化，拼音只是成为一个辅助工具，这是什么原因呢？

【答】在局部地区推行拼音文字是可行的，可是要在中国全面废除汉字、改用拼音文字就不这么简单。我们要充分认识汉语拼音化的复杂性。从甲骨文时代算起，汉字至今至少有3700年。用汉字书写印制的书籍汗牛充栋，汉字与汉文化密不可分，汉字的影响深入到汉民族的内心，形成根深蒂固的传统。用汉字记录汉语有不适应的一面，但是还有适应的一面，而且适应的方面是主要方面。要让十多亿人民，放弃使用了几千年的汉字系统，只有在汉字系统完全不能适应记录汉语的需要的时候才有可能实现，可是目前并没有出现这种情况，在可以预见的未来也看不到这种情况。至于更远的将来会是什么局面，我们的认识还不能做出结论，只得留给我们的子孙去处理吧。

【问】您本人支持“汉语拼音化”的最终方向吗？目前对“汉语拼音化”的反对意见比拼音方案颁布时似乎更大了，更多的人愿意保持汉字的原状，甚至有人还认为应当回归到文字改革以前的繁体字，您认为他们的想法合理吗？

【答】关于汉语拼音化问题，可以从以下三个层面来观察。从国家的政策说，1951 年毛泽东主席指示要实现汉语拼音化，中央的有关文件也多次申明这种意见。随着中国社会的变化和人们认识的发展，中央对语文政策做了调整，到了 1986 年召开的全国语言文字工作会议上，没有重申毛泽东的话。汉语拼音化就由国家的语文政策改为学术研究的课题。从语文研究说，周有光先生在《比较文字学初探》里指出，文字演变的规律是由表形到表意到表音，可是对自源文字说，由表意到表音的转变一般要在异地才能实现，因为本土的习惯势力太强。汉字在中国本土没有完成由表意到表音的转变，而传到日本后完成了这一转变。按照这种理论，汉语的拼音化在中国恐怕是难于实现的。从目前汉字的应用实际说，汉字基本能满足记录汉语的需要，虽有不便使用或不能使用的领域，但是可以用汉语拼音来弥补，不影响汉字的生存。

我们要关注社会思潮的变迁。一百多年来的语文改革，我们取得的成绩集中表现为白话文、普通话、简化字和汉语拼音。这些成果为中国语文进入信息网络时代奠定了基础，也已经为《国家通用语言文字法》所肯定。可是就是这些成果还不断受到质疑。2007 年 6 月 7 日的《环球时报》发表文章，题目是《复兴繁体字，中国新使命》。公然主张“复兴繁体字”，可见思想混乱到什么程度。

【问】我们应该怎样去改革我们的文字和拼音？您认为汉语的现代化最

终的目标是什么?

【答】对于汉语拼音化问题，我的意见是目前不能断言一定不能拼音化，也不能断言一定能拼音化。两方面都不宜把话说死。一切要看发展，要看社会的发展和科技的发展对文字提出了什么样的要求，还要看汉字研究取得了什么样的新进展。在汉字应用和汉字教学上，我们要执行国家的汉字政策，积极推动汉字的规范化，实现四定——定量、定形、定音、定序，同时积极发挥汉语拼音的作用，在汉字不便使用或不能使用的领域，使用汉语拼音。汉字为主，用拼音辅助汉字，这就是我们的文字生活。

有人认为，我们提倡汉语拼音用心不良，最终的目的还是要用拼音取代汉字。我们认为，不必把问题想得那么复杂。是不是实现拼音化，一切要看需要。社会没有这个需要，谁怎么努力也没有用；社会真有需要，谁要阻拦也阻拦不住。还是立足当前，发挥汉字和汉语拼音两个积极性，从语文方面促进中国早日实现信息化、全球化，加快小康建设的步伐。但是同时鼓励有关汉语拼音化的研究，赞成的和反对的都要以理服人。希望能逐渐加深认识，最终得出多数人能够认同的科学结论。

当前汉语文现代化的目标是要继续推动语文改革，使汉语成为规范、丰富、发展的语言，使汉字成为规范、易学、便用的文字。要研究中国语文发展战略，要加强汉语文的国际推广，早日使中国语文成为有世界影响的强势语文。

（《北华大学学报》2008 年第 4 期）

汉语拼音是现代化的文化桥梁

一、汉语拼音是现代文化交流的产物

中国是世界文明古国，对世界文化的发展做出了巨大的贡献，但是直到一百多年前还没有一套拼音方案。汉字如果是拼音文字，自然不需要拼音方案，而汉字是语素文字，缺乏完备的表音系统，因而十分需要拼音方案。就拿给汉字注音来说，中国古代的最高成就是直音和反切，而没有拼音。在古代，中国曾经几次和使用拼音文字的语言接触，吸收了许多外来的文化，但是最终也没有产生拼音方案。这是为什么呢？可能是汉文化一直高于使用拼音文字的印度文化、蒙文文化和满文文化。“华夏文化不缺少文字，也不理解表音文字的妙处。”①汉文化自恃先进，故步自封，不屑于学习后进文化里的先进的东西，结果限制了自己的发展。

到了清末，中国的地位发生了变化，老大的中国打不过船坚炮利的洋鬼子，于是不得不睁开眼睛看世界，开始了“师夷长技以制夷”的洋务运功。社会的变化引起了语文观念变化。中西语文的交流，使中国学者开始注意到了汉语文的短处和外国语文的长处，于是产生了清末的切音字运动。切音字运动的成果产生了注音字母。注音字母是中国有史以来第一套专用的拼音方案，它的产生标志着中国语文生活取得了很大的进步。但是注音字母缺乏国际性，流通价值很有限。到了五四时期，西方文化进一步涌进中国，拉丁字母在中国也有了进一步的传播，于是产生了国语罗马字和北方话拉丁化新文字。这个时期在认识上取得的突出进步是有了国际意识。拉丁字母这样的洋玩意竟然被国人所接受，这是中外文化交流史上的奇迹。奇迹的产生不是偶然的，因为拉丁字母负载着先进的世界文化。“罗马字和汉字，东西相距十万里，上下相隔三千年，竟然结成文化姻缘，标志着东西文化的汇流倾向。”[②]新中国建立之后，为了发展科学、文化、教育，迫切需要有合用的拼音方案。共产党和人民政府及时决策，确定方针，组织力量，于1958年成功地创造了《汉语拼音方案》。这在新中国文化建设上是了不起的大事。上个世纪50年代的中国，还受到西方国家的封锁，被迫处于半封闭状态，可是中国领导人和中国的语言学家有世界的眼光，决定采用国际通用的拉丁字母，表现了远见和卓识。这给中国语文以至中国文化的发展，都带来了无穷的好处。今天的中国正沿着国际化和信息化的道路前进，这一套采用拉丁字母的汉语拼音方案，使我们今天受益无穷。

早在1958年周恩来总理就说：“现在公布的《汉语拼音方案草案》，是在过去的直音、反切以及各种拼音方案的基础上发展出来的。……这个方案，比起历史上存在过的以及目前还在沿用的各种拉丁字母的拼音方案来，确实更加完善。”[③]吕叔湘说：“把各方面的因素综合起来考虑，《汉语拼音方案》的的确确是最佳方案。”[④]刘涌泉说：“建国以来，我国语言学界取得了不少成就，其中汉语拼音是最大的成就，是影响千秋万代的杰作，是没有申请专利却有国际专利权的重大发明。”[5]这样的评价都是恰当的、中肯的。

二、推行汉语拼音取得的丰硕成果

（一）45 年来推行汉语拼音取得了丰硕成果，主要表现在：

1. 给汉字注音，代替注音符号。汉字不是拼音文字，需要有注音工具。1918 年公布施行的注音字母，在中国推行了 40 年，发挥了积极的作用。可是它的字母是笔画简单的古汉字，无法实现国际化，1958 年后就被汉语拼音所取代。在中国内地，汉语拼音是给汉字注音的最好工具。小学生入学后用几周时间学会了汉语拼音，借助汉语拼音就能准确地读出标注拼音的任何汉字来，解决了汉字学习上的读音困难。

2. 用来帮助推广普通话。只靠口耳相传来学习普通话，十分困难，效果很差。给普通话读物注上汉语拼音，学习的人借助汉语拼音就可以自学普通话，反复练习，达到纯熟。汉语拼音是推广普通话不可缺少的工具。小学生利用汉语拼音能流畅地朗读普通话读物，没有汉语拼音是做不到的。台湾地区普及国语的经验是充分利用注音字母，这和充分利用汉语拼音的道理是一样的。

3. 用来给汉字排序。语文生活需要给汉字定序。汉字定序的方法有形序和音序两大类。音序方面先是用注音字母，1958 年后改用汉语拼音。汉语拼音排序便于检索，已经成为汉字定序法的主流。陈原说：“多年来在出版物检索工作上利用汉语拼音方案取得的成果是可喜的，而且带有突破性。——突破了汉字作为检索工具（无论用笔画、笔形、部首或其他方式）的束缚，成倍地增加了效能。……在检索速度和准确性方面都可被称为最佳选择。”[6]

4. 拼音输入成为汉字输入计算机的主流。把汉字输入计算机主要有形码和音码两大类方法。开始时形码占有优势，但不久就被音码所取代。目前的情况是，专业录入员经过培训使用五笔字型，而大多数知识分子使用汉语拼音输入。因为汉语拼音是中国小学的必修课，成年人都会使用，不必重新学习，而又最适合在电脑上写文章，一边想一边打，享受愉快。电脑的使用为汉语拼音打开了新的使用天地，显示了广阔的前途。

通过互联网收发电子邮件，网上电子信箱的地址是“用户名+@+服务器地址”。其中的用户名由拉丁字母、阿拉伯数字和一些符号组成，在中国这一部分大多数使用汉语拼音。

5. “注音识字，提前读写”小学语文教学改革取得了成功。这次改革不是一般的识字方法改革，而是语文教学的全面改革。它把传统的先识字后读书，发展为先读书后识字。小学生利用汉语拼音，就可以大量阅读拼音读物。从阅读中吸收养分，学习语言，学习汉字，提前写作，开发智力。它是让青少年早日进入读写阶段的桥梁。

6. 大力发展语文实用技术。1958年公布《汉语拼音方案》以后，利用汉语拼音的各种语文实用技术逐步得到发展。汉语拼音的技术应用有如下几种主要门类：（1）序列索引，（2）科技代号，（3）行业用语略写，（4）音译术语转写，（5）汉语速记的基础，（6）盲聋语文工具的基础，（7）电报拼音化，（8）文字工作机械化。进入21世纪后，随着科技的发展，语文实用技术又有了新的发展。

（二）汉语拼音教学法，45年来有了改进。《汉语拼音方案》刚刚产生时，教学汉语拼音都是原原本本按照方案。这样做了一段时间后，发现有些难点教学不便。例如，关于y、w的使用，什么时候加，什么时候改，不易掌握；还有iou、uei、uen的省写规则等。于是尝试作出改进，几经改进才形成目前的样子。目前教学法的要点是：（1）把y、w当做声母。连同21个辅音声母，合计为23个声母。y、w当声母教以后，有些带y、w的音节不便拼音，就规定为整体认读。（2）《汉语拼音方案》有35个韵母，现在只教24个韵母。包括6个单韵母a、o、e、i、u、ü；9个复韵母ai、ei、ui、ao、ou、iu、ie、üe、er（er本来不是复韵母）；9个鼻韵母an、en、in、un、ün、ang、eng、ing、ong。其余12个采用三拼连读法，例如j—i—a拼jia。（3）4个声调。（4）16个整体记认的音节：zhi、chi、shi、ri、zi、ci、si、yi、yin、ying、ye、yu、yue、yuan、yun、wu。（5）不教iou、uei、uen，只教iu、ui、un。实践证明这样的教学方法，分散了难点，教师容易教，学生容易学，提高了汉语拼音教学的效率。拼音教学法的改进，对汉语拼音的推行和普及具有重要的意义。

“文革”期间有所谓汉语拼音基本式教学，把整个汉语拼音教学分为两步，第一步是基本式，只教声母、韵母的拼写和声调的表示，不教拼写规则。这样教学比较容易。第二步回归方案。实践证明，这种方法有较大的缺陷。第一步教基本式实际是教错的。可是小孩子先入为主，到了回归方案就十分困难。文革结束后，不再提倡这种教学法。

（三）汉语拼音正词法基本规则的制订和发布。

汉语拼音的基本功能有两个，就是给汉字注音和给汉语拼音。要让汉语拼音能够记录汉语，就必须解决正词法问题，1892年卢戆章的“切音新字”就实行了不完备的分词连写。1923年黎锦熙发表《汉字革命军前进的一条大路》，全面探讨了分词连写问题。国语罗马字和拉丁化新文字提高了方案设计水平，也提高了分词连写技术，积累了宝贵经验。《汉语拼音方案》规定了音节拼写法，但同时也注意到语词的拼写问题，例如规定了y、w的用法，设计了隔音符号。“文革”结束后，国家有关领导十分重视正词法问题，几次督促要求解决。经过努力，1988年7月1日，国家教育委员会和国家语言文字工作委员会联合公布了《汉语拼音正词法基本规则》。这个规则后来发展为国家标准，由国家技术监督局于1996年1月22日批准发布，国家标准号是 GB/T 16159—1996。基本规则吸收了半个多世纪来连写词研究和实践的成果。《现代汉语词典》《中国大百科全书》给词条注音时都实行了分词连写。有了《汉语拼音正词法基本规则》，汉语拼音可以更准确更方便地记录现代汉语。

（四）汉语拼音成为拼写汉语的国际标准。

1997 年 9 月，联合国第三届地名标准化会议通过决议：采用汉语拼音作为中国地名罗马字母拼法的国际标准。

1982 年 8 月 1 日，国际标准化组织（ISO）经过国际投票通过，规定汉语拼音方案成为拼写汉语的国际标准。编号是 ISO 7098。这使汉语拼音走上了国际舞台。

（五）《国家通用语言文字法》规定了汉语拼音的法定地位。2000 年 10 月 31 日，第九届全国人民代表大会常务委员会第十八次会议通过了《中华人民共和国国家通用语言文字法》。这部法律的第十八条规定："国家通用语言文字以《汉语拼音方案》作为拼写和注音工具。""《汉语拼音方案》是中国人名、地名和中文文献罗马字母拼写法的统一规范，并用于汉字不便或不能使用的领域。""初等教育应当进行汉语拼音教学。"

三、信息网络时代的汉语拼音

（一）21 世纪的中国要实现世界化和信息化。中国要进一步融入世界，中国要进一步发展信息产业和信息技术。这是实现小康目标的必由之路。在实现世界化和信息化的目标中，语言文字工作肩负着重要使命，要为此发挥积极作用，做出自己的贡献。这就是我们常说的中国语文现代化。我们的语言文字不但要为国内各民族的交际服务，也要为沟通中国和世界服务；不但要在人际界面发挥作用，也要在人机界面发挥作用。如果说汉字在为国内各民族交际服务、为人际界面服务方面能够较好地发挥作用，那么在沟通中国和世界方面、在为人机界面服务方面就明显感到力不从心。这没有什么奇怪，任何事物都有长有短。可是这后一方面又是建设中国、实现小康所必不可少的，怎么办呢？只有充分发挥汉语拼音的作用，这也就是《国家通用语言文字法》第十八条所说的《汉语拼音方案》“用于汉字不便或不能使用的领域”。

1. 中国语文的世界化就是使汉语汉字走向世界。汉语汉字要走向世界，离不开汉语拼音的帮助。外国人学习汉语汉字，必须首先学习汉语拼音；通过汉语拼音来学习汉语汉字，是一条行之有效的方法。对那些不需要学习汉字、只要学习汉语的人来说，汉语拼音更是必不可少的工具。马庆株指出：“反对汉语拼音，客观效果不是爱国，而是在国外将汉语置于死地，这无疑是损害我国利益的。”“用拼音帮助海外华人学汉语，才能在海外把汉语保存下来，汉字也才有保存下来的希望。”⑦

当今世界绝大多数国家都在使用拼音文字，其中使用拉丁字母的拼音文字又是主流。只有透过汉语拼音，汉语才能在世界书面语中占有一席之地。用汉语拼音书写的中国人名、地名和其他专名，可以非常容易地进入拉丁字母的文献，为世界其他国家的人民所接受。

中国语文吸收外国语词，首先是科技名词，最好的办法是汉语拼音音译转写。

2. 中国语文的信息化，离不开汉语拼音，利用汉语拼音的拼音输入法已经成为中文输入法的主流。由使用拼音文字国家研发的用于信息处理的各种硬件和软件，最适合拉丁字母的拼音文字。我们通过各种办法，实现了电脑中文化，但是花费和开销要比拉丁字母的拼音文字大得多。网络技术最适合拉丁字母，汉字在网上传输遇到许多困难，只有借助汉语拼音才可以畅通无阻。利用汉语拼音使中文尽快走向国际互联网。周有光先生说：“21 世纪是国际互联网的世纪。国际互联网将笼罩全世界，天网恢恢，没有网外桃源。中国语文要想在国际互联网上占有适当的位置，必须利用拼音正词法作为汉字文本的处理媒介。这是中国文化在21世纪面对的重大技术变革。”[8]汉字可以进入局域网，可以在华人地区流通，但是汉字难于进入国际互联网。要想进入国际互联网，必须借助拼音。拼音帮助汉语走向世界。

（二）重视汉语拼音的拼写功能，大力推行汉语拼音正词法。汉语拼音的产生已经过了45年，可是时至今日，还有人认为汉语拼音是“小儿科”，不过是识字的拐棍。还有人患有拼音恐惧症，担心汉语拼音图谋不轨，要取代汉字的法定地位，于是千方百计限制汉语拼音发挥作用，只同意用拼音给汉字注音，特别反对用拼音来拼写汉语，反对正词法。

要正确认识汉字和汉语拼音的地位，克服对拼音的疑虑。汉字是唯一法定文字，它不但有光辉的过去，同样有光辉的现在和未来。汉字基本适合汉语的性质，是合用的文字，是我们根本不能离开的文字。汉语拼音是辅助性的文字工具，它根本不可能取代汉字成为正式文字。汉字为主，拼音为辅，这就是中国的文字生活。《国家通用语言文字法》肯定了这种状况。张志公先生说“汉字不可废，拼音不可无”[9]，指的就是这个意思。我们以前也写过文章，建议在我国实行汉字和汉语拼音的双文制，含义也是这样，并没有要用拼音逐渐蚕食汉字，最后取而代之的企图。[10]

担心拼音会妨碍汉字的疑虑表现在许多方面。例如，在小学先教拼音再教汉字，多年的教学实践已经证明这是行之有效的做法，可是有人还在进行不用拼音直接教学汉字的“试验”。近年来在语文教学改革中，有人以减轻学生的负担为名主张淡化拼音，减少拼音教学的时间，降低拼音教学的要求。不要求直呼音节，只要求临时现拼，这种认识和做法都是不对的。周有光说：“过去注音字母的教学要求是很低的。小学入学初期教学一个短时期以后，不等到真正学好拼音初步，就停止了。以致年级越高，遗忘越多；学来不够用，就说它没有用。这是注音字母推行四十年而未能很好发挥作用的主要原因。今后要使拼音字母发挥远远超过注音字母的作用，必须提高教学标准，树立有效的拼音教育制度。”⑪当前在小学推行汉语拼音遇到的问题，正是周先生50年前说的那样。减负是减轻不合理的负担，不是把关乎人才培养的重要部分也减掉。拼音是小学语文的基本功，减负的结果造成了拼音教学的夹生饭。磨刀不误砍柴工，学习拼音多花一点时间，以后学习汉语汉字就可以节省许多时间。关于汉语拼音的作用，有人只准给单字注音，反对分词连写，认为一实行分词连写，拼音就成了文字。这种主张在各种拼音教材和拼音读物中，表现得很突出。语言的基本单位是词，而不是字。汉字掩盖了这个事实。小学生应用语文是以词为单位的，可是一学汉字就模糊了这个事实。目前小学拼音教学有人坚持字本位。这是应该改正的。

语文改革是件十分困难的事情，千百年来形成的语文习惯根深蒂固，要想改变需要有个过程。而语文改革的具体做法、各种方案的研制和推行，往往也不是一下子完全成熟，要有个逐步完善的过程。汉语拼音的发展也是这样。拉丁字母是外来的东西。45年来，我们坚持推行汉语拼音也遇到不小的阻力。至今，汉语拼音的应用取得的成效还不够大，汉语拼音本身有巨大的潜力还没有充分发挥出来。语文工作者、语言学专家都应该大力宣传汉语拼音的重要意义，向社会做科学的解释，澄清模糊认识，批评错误言论，使全社会逐渐认识汉语拼音的重要意义。

（四）完善汉语拼音正词法。

《汉语拼音正词法基本规则》（GB/T 16159—1996）指出：“本标准规定了用《汉语拼音方案》拼写现代汉语的规则。内容包括分词连写法、成语拼写法、外来词拼写法、人名地名拼写法、标调法、移行规则等。为了适应特殊的需要，同时提出一些可供技术处理的变通方式。”目前，实行分词连写的汉语拼音在阅读和传输时仍感不便，主要原因是没有解决汉语拼音的词汇定型问题，首先是没有解决拼音里的同音词分化问题。因为词汇没有定型，阅读时不得不更多地依赖上下文。其实这个问题早就提出来了，周有光著的《汉字改革概论》1961年的第一版里就有专节讨论“同音词分化法”。为了实现中国语文的世界化和信息化，我们要跨过这道门槛，尽快地研究拼音词汇的定型化，完善汉语拼音正词法。

四、《汉字文化》肆意给汉语拼音泼脏水

由北京国际汉字研究会主办的《汉字文化》杂志自创刊以来发表了许多文章，反对国家的语文政策，反对语文现代化。它给汉语拼音泼了许多脏水，在社会上造成了恶劣的影响。举其大者：

1. 鼓吹直音，反对用汉语拼音给汉字注音。《汉字文化》说：“汉字的基础音只有四百个，加上四声，不过一千六百，如果把这四百个基础音，代以最常用四百字表音，以我国传统方法，在字四角用小圈‘。’分别标在字的四周表示四声。一共就有一千六百个音，然后作注音符号，即‘直音’注音。”⑫

关于直音的缺陷，清代学者陈澧在《切韵考》卷六里说：“然或无同音之字则其法穷，虽有同音之字而隐僻难识，则其法又穷。”《汉字文化》连二百年前的清代学者都不如，闭着眼睛不看事实，要用直音来代替汉语拼音，显然是要把中国语文拉向倒退。

2. 认为汉语拼音不如注音字母。《汉字文化》说：“用汉语拼音替汉字注音，并不是好方法。许多人都有同感。希望国家‘语委’……考虑改用有中国特色的、和汉字有内在联系的注音字母。”⑬又说：“汉语拼音比不上有中国特色的注音字母。”⑭

注音字母有它的历史功绩，至今台湾地区还在使用，但是它比不上汉语

拼音。它的字母形式缺乏国际性，拼音没有完全采用音素化，记音不够准确方便。台湾地区正是因为注音字母的不便，才同时使用国语罗马字（作为注音符号第二式）。1999 年国民党还在台湾执政时，出于国际化和资讯化的考量，准备采用汉语拼音音译汉语专名。《汉字文化》要用注音字母代替汉语拼音，根本不懂得世界语文发展的趋势，比台湾的语文思想还落后。

3. 污蔑汉语拼音"低能、弱智"。《汉字文化》说："汉语拼音是'低能儿'，只好凑合着拼写大白话。""汉语拼音……其为低能弱智也固宜"。[15]

这不是学术争论，这是不讲任何道理的攻击。我们真不明白，这些人何以对汉语拼音怀有如此大的敌意。

4. 主张废止《汉语拼音方案》。《汉字文化》说："18 世纪末，'国际音标，问世，欧、美各语种，放弃了以前国际通用的拉丁文而改用注音更精密的'国际音标'。'汉语拼音方案'是以利玛窦的陈旧方法为基础而设计制订的。……据此，建议废止'汉语拼音方案'，设计制订出合乎汉语特点的国际音标注音体系，这样于中国人、外国人都有利。"[16]这段话有许多常识性的错误。首先，国际音标的问世时间不是 18 世纪末，而是 19 世纪末的 1888 年，整整差了一百年。说"欧、美各语种，放弃了以前国际通用的拉丁文而改用注音更精密的'国际音标'"，这完全是无中生有、天方夜谭。国际音标是记音符号，不是文字。没有哪个欧美国家用国际音标作为文字。说"'汉语拼音方案'是以利玛窦的陈旧方法为基础而设计制订的"，这是完全没有事实的臆测。

《汉语拼音方案》是全国人民代表大会正式批准的方案，是国际标准化会议投票通过的方案，是《国家通用语言文字法》肯定的方案，《汉字文化》有什么权力否定这个方案！对这样一个重要的方案，《汉字文化》竟然大泼污水，究竟想要干什么！《汉语拼音方案》不能废止，《汉字文化》要废止《汉语拼音方案》的主张绝对不能接受。

［附 注］

①周有光《现代文化的冲击波》第128页，三联书店2000年版。

②周有光《中国语文纵横谈》第281页，人民教育出版社1992年版。

③周恩来《当前文字改革的任务》，《当代中国的文字改革》第566页至567页，当代中国出版社1995年版。

④吕叔湘《〈汉语拼音方案〉是最佳方案》，《文字改革》1983年第2期第2页。

⑤刘涌泉《汉语拼音是我国语言学界的最大成就》，《语文建设》1998年第4期第14页。

⑥陈原《〈汉语拼音方案〉具有强大的生命力》，《辞书和信息》第14页，上海辞书出版社1985年版。

⑦马庆株《汉语拼音：与汉字一起走向新世纪》，《语文现代化论丛》第四辑第223页，北京大学出版社2000年版。

⑧周有光《拼音正词法和国际互联网》，《现代文化的冲击波》第204页，三联书店2000年。

⑨张志公《汉字不可废，拼音不可无》，《中国教育报》1993年3月30日。

⑩苏培成《双文制：面向21世纪的中国文字策略》，《汉字的应用与传播》第417页，华语教学出版社2000年版。

⑪周有光《汉字改革概论》，《周有光语文论集》第一卷第211页，上海文化出版社2002年版。

⑫《汉字文化》1989年第1-2期合刊第12页。

⑬《汉字文化》1993年第4期第33页。

⑭《汉字文化》1996年第2期第34页。

⑮《汉字文化》1996年第3期第51页。

⑯《汉字文化》1989年第1-2期合刊第11页。

（《信息网络时代的汉语拼音》，语文出版社2003年出版）

汉语拼音是中国语文的瑰宝

一、三大成就

50年来，在汉语拼音方面我们取得了三大成就：第一是制订了《汉语拼音方案》，第二是推行了《汉语拼音方案》，第三是扩大了《汉语拼音方案》的使用范围。

1. 在制订方面，从技术层面说，《汉语拼音方案》是拼写汉语的最佳方案。这是吕叔湘先生对《汉语拼音方案》作出的评价。首先是方案符合“拼音三原则”。这三原则就是口语化、音素化和拉丁化。口语化指拼写的是规范化的普通话；音素化指采用了音素制的音节结构；拉丁化指使用的是国际通用的拉丁字母。其次是字母与音素的配合得当。《汉语拼音方案》吸收了切音字创制的经验，吸收了国语罗马字和北方话拉丁化新文字的经验，并加以发展；既考虑拉丁字母在国际应用的习惯，又重视普通话语音的特点，并且把两者很好地结合起来。第三，做到精密与简便的统一。精密与简便是一对矛盾，过分精密就容易使拼写规则繁细，过分简便就可能造成简陋。而《汉语拼音方案》能把二者统一起来，找到最佳的结合点。它既避免了北拉的简陋，又避免了国罗字母标调的繁细，使得简而不陋，细而不繁。50 年过去了，我们没有发现《汉语拼音方案》有什么失误。这是很不容易的。周有光先生说："今天回顾，花这么长的时间来仔细设计这个方案，不是无益的。如果当年留下一点马虎，今天会后悔无穷。"①

2. 在推行方面，50 年来汉语拼音的推行取得了很大的成绩。据《中国语言文字使用情况调查资料》，全国会认读和拼写汉语拼音程度的比例是：

地区	会	会一些	不会
全国	44.64%	23.69%	31.68%

不同年龄段会认读和拼写汉语拼音程度的比例是：

年龄段	会	会一些	不会
15－29 岁	72.09%	18.43%	9.49%
30－44 岁	45.97%	28.74%	25.29%
45－59 岁	29.19%	23.06%	47.75%
60－69 岁	13.40%	12.23%	74.37%

全国会认读和拼写汉语拼音程度的比例是：

调查对象	会	会一些	不会
教师	90.02%	8.91%	1.07%
新闻出版从业人员	88.79%	9.23%	1.97%
大学生	96.62%	3.38%	——
中学生	97.22%	2.78%	——

中国是个缺少拼音传统的国家，汉字神圣论影响深远。在有些人的心中，对于外来的拼音字母有一种自觉或不自觉的排斥的心理。在这样的国

度，要推行来自域外的拼音，自然会遇到种种阻力。值得庆幸的是，过去的50年中国政府始终坚持推行拼音不动摇，使得拼音的应用逐渐有所扩大。现在，汉语拼音已经被多数人接受，成为中国语文里的不可缺少的组成部分。汉语拼音推行的成功，根本的原因是它有用。周有光先生说："一种文化工具，只要易学便用，适合时代需要，它本身就会自动传播，不胫而走。"[②]推行汉语拼音的主要手段在教育，尤其是小学的拼音教育。拼音进入小学，使每一个小学生都学习拼音，打好牢靠的基础。一代一代的下来，逐渐全社会都接受了汉语拼音。

50年来，《汉语拼音方案》已经由中国国内的标准发展成为国际标准。1977年联合国地名标准化会议决议：汉语拼音是中国地名罗马字母拼法的国际标准。1982年国际标准化组织（ISO）投票通过，汉语拼音是用罗马字母拼写汉语的国际标准。

3. 在应用方面，50年来汉语拼音的使用范围逐步扩大。《汉语拼音方案》刚刚产生的时候，主要是用来拼写语言，就是给汉字注音、帮助推广普通话。不久就扩大到技术应用，用于编制序列索引、图书检索。"文革"结束以来，汉语拼音的应用有两项重要的发展，一项是用于汉字的计算机输入，到现在拼音输入已经成为输入法的主流；另一项是用于"注音识字，提前读写"小学语文教学的改革，这项发展近年来面临着停滞倒退的危险。

二、汉语拼音教学法的改进

汉语拼音的推行，关键在小学。在小学语文教学中切实打好汉语拼音的基础，学生会终生受用。《汉语拼音方案》本身并不是教学方案，如果把方案的文本直接搬到课堂，原原本本去教学，有几个难点很不易被小学生所接受，教学效果不理想。多年来语文教师和汉语拼音研究人员，根据方案的内容结合教学的实际情况，不断探索，终于设计出适合教师教和学生学的教学方案，然后根据这样的方案去教学，取得了良好的教学效果。根据《汉语拼音方案》设计出适合教学的教学方案，这是创造性的劳动，是非常有价值的贡献。50年来，小学汉语拼音教学方案不断改进。

1958年2月11日，一届全国人大五次会议审议通过了《汉语拼音方案》，同年秋季小学就开始了汉语拼音的教学。这个阶段教学的特点是以《汉语拼音方案》为教材，原原本本教拼音。教字母表、21个声母、37个韵母（包括er和ê)、四个声调和轻声，以及各项拼写规则，保持了《汉语拼音方案》的完整性、系统性。但是由于教学内容多，困难大。特别是有几个难点，不易突破，如y、w的加或改，iou、uei、uen的省写等。结果是花费时间多，费力不小，效果不好，师生苦恼，家长不满。为了解决这个问题，有关部门和教师就汉语拼音教学问题，作了广泛的调查研究，并在此基础上，对汉语拼音教法作了较大的改进。

自1963年开始，小学拼音教学采用声介合母教学法。这种教学法的要点是:（1）避开y、w的使用规则。把y、w当作声母教，用它们和韵母相拼，不便相拼的就改为整体认记。(2）有介音的音节采用“声介合母和韵母连读法”，如ji－an拼jian。可以不教12个复鼻韵母，可以使有介音的长音节容易拼读。不教的12个复鼻韵母是ia、iao、ian、iang、iong、ua、uo、uai、uan、uang、ueng、üan。（3）不教iou、uei、uen，只教省写式iu、ui、un。这种教学方案解决了当时拼音教学中的主要难点，受到了广大师生的欢迎，但是方言地区和广大农村及边远地区的教师仍然感到内容繁杂，教学困难。通过教学实践，人们发现“声介合母和韵母连读法”虽然有明显的优点，但是采用这种方法必须熟练掌握28个声介合母（包括yu)，甚至要把声介合母当“零件”来教，势必延长教学时间。1966年“文革”开始，停课闹革命，汉语拼音教学陷于停顿。1972年秋季开学后，拼音教学逐步恢复，并对声介合母和韵母连读法作了改进，吸取了注音字母教学法的好经验，提出了“三拼连读法”，如 j - i - an 拼 jian，减少了 28 个声介合母的教学。但是这种教学法还来不及广泛推行，就被“汉语拼音基本式”教学所取代。

1973 年，教育主管部门推出了“汉语拼音基本式”教学，并且把它作为“文革”中的“新生事物”加以推广。所谓“汉语拼音基本式”教学，就是把《汉语拼音方案》的内容分为两步教：第一步教《方案》规定的最基本的内容，不教拼写规则；第二步再教拼写规则。这种教学的优点是：第一步的内容简化了，不接触复杂的拼写规则，学生容易接受。缺点是：一年级走第一步，学的音节中大约有 67 个是不符合《汉语拼音方案》的规定，约占普通话音节的 17%。到二年级走第二步，学习拼写规则以后再把那 67 个音节改为符合《汉语拼音方案》的规定，回归原方案。教学实践证明，这种方法有很大的缺陷。第一步教的基本式实际是错的，可是小学生先入为主，记得很牢，再回归原方案就十分困难，结果学生的拼写错误很多。

1976 年“文革”结束后，根据几年来教学实践的结果，教育主管部门放弃了“汉语拼音基本式”教学，回到 1972 年的三拼连读法，一直延续到现在。目前教学设计的要点是：（1）把 y、w 当声母教，连同 21 个辅音声母，一共有 23 个声母。这 23 个声母是：b、p、m、f，d、t、n、l，g、k、h，j、q、x，z、c、s，zh、ch、sh、r，y、w。y、w 当声母教以后，有些带 y、w 的音节不便拼音，就改为整体认读。（2）《汉语拼音方案》的韵母表里有 35 个韵母，表外还有 - i、er 和 ê，一共是 38 个韵母。现在只教 24 个韵母。就是 6 个单韵母（a、o、e、i、u、ü），9 个复韵母（ai、ei、ui、ao、ou、iu、ie、üe、er），9 个鼻韵母（an、en、in、un、ün、ang、eng、ing、ong）。er 本来是单韵母，为了便于诵读，列入复韵母。其余 12 个韵母采用三拼连读法来教，例如 j - i - an 拼 jian。（3）4 个声调，就是阴平、阳平、上声和去声。（4）16 个整体记认的音节（zhi、chi、shi、ri、zi、ci、si、yi、yin、ying、 ye、yu、yue、yuan、yun、wu)。(5)不教 iou、uei、uen,只教 iu、ui、un。蒙西安李平先生告知,这套设计是蒋仲仁先生和徐世荣先生提出来的。用这样的设计来教学,分散了难点,提高了拼音教学的效率,而学生学到的音节拼式完全符合《汉语拼音方案》的规定。

三、《汉语拼音方案》的进一步完善

1958 年全国人大通过的《关于〈汉语拼音方案〉的决议》指出:"汉语拼音方案作为帮助学习汉字和推广普通话的工具,应该首先在师范、中、小学校进行教学,积累教学经验,同时在出版等方面逐步推行,并且在实践过程中继续求得方案的进一步完善。"

怎么理解"继续求得方案的进一步完善"?1982 年 1 月 23 日,胡乔木在《关于当前文字改革工作的讲话》里指出:"《汉语拼音方案》除了使用上有许多问题需要解决以外,作为拼音方案本身,它并没有发生什么问题。""在舆论界,我们也不应该随便散布推翻否定或怀疑《汉语拼音方案》的言论。相反,舆论界倒是应该多作一些推广普通话、简化汉字和推行国家法定的《汉语拼音方案》的宣传。"③ 1983 年 2 月 22 日,胡乔木发表《对推行〈汉语拼音方案〉的三点意见》。这三点意见就是:"第一,要坚持推行《汉语拼音方案》。这是经过长期研究讨论由国家正式制定的唯一方案,已在国内外获得公认地位,不应再走回头路去另起炉灶,那样会造成许多无益的混乱。第二,希望文字改革委员会能尽快地把《汉语拼音方案》进一步完善化,在日常应用中规范化。例如拼写要标调,要正词(规定词的区分的统一规则)。否则不但不便使用,而且会使人认为这是一个不完善的粗制滥造的方案。这种状况不能再容忍了,希望这个久已应该解决的问题能在 1983 年内解决。第三,希望总结新华社和邮电部在电报中采用《汉语拼音方案》的经验,由文字改革委员会等单位尽快拿出一个能为大家所接受的电报中使用拼音字母的完善方案，妥善而严密地解决标调、区分同音字、同音词等问题，这将大大推广《汉语拼音方案》的用途，对它的发展前途产生巨大影响。"④周有光说："关于方案如何完善化的问题，我们的理解是，主要不在修改已有的字母表和音节拼写法的规定，而在以方案的规定为基础进一步研究补充正字法的规定，使汉语拼音的词形趋于精密化和规范化。正字法的内容是比较复杂的，正字法的规定可以作为方案的补充文件，不必纳入原来方案中。正字法逐步约定俗成的时候，也就是汉语拼音逐步发展成为拼音文字的时候了。"⑤

我们认为上述的看法是正确的。"继续求得方案的进一步完善"并不是因为方案本身有什么不妥之处，更不是说方案应该另起炉灶，而是指方案在应用上有一些问题需要解决，首先要抓紧制订汉语拼音正词法。《汉语拼音方案》主要规定了音节的拼写规则，没有规定词的拼写规则；而没有词的拼写规则，汉语拼音就无法用来拼写汉语。20 世纪 80 年代，在胡乔木同志的多次督促下，汉语拼音正词法的研制终于有了结果。1984 年 10 月，文改会公布了《汉语拼音正词法基本规则（试用稿）》（载《文字改革》杂志 1984 年第 5 期），广泛征求各方面意见。根据征集到的意见对"试用稿"加以修订，成为定稿。1988 年 7 月 1 日，国家教育委员会和国家语言文字工作委员会公布了《汉语拼音正词法基本规则》。经过使用，证明《汉语拼音正词法基本规则》基本合用，效果良好，国家技术监督局决定把这个规则上升为国家标准。在做了一些必要的调整后，成为国家标准《汉语拼音正词法基本规则》（GB/T 16159－1996），国家技术监督局 1996 年 1 月 22 日批准、发布，1996 年 7 月 1 日实施。

近些年来不断有人提出修改《汉语拼音方案》的建议，有人还设计出新的拼音方案。就学术研究说，学者当然可以提出自己的建议，但是关键要看这样的建议有没有必要和有没有被社会接受的可能。当提出某种修改意见时，首先要了解《汉语拼音方案》所以要这样处理的原因，避免草率从事，徒增纷扰。周有光说：“我十分注意这些建议。但是新的建议中很少是在50年代没有仔细研究过的。”[⑥]例如，有人建议把《汉语拼音方案》里的注音字母改为国际音标。我们知道《汉语拼音方案》用注音字母标明声母和韵母的音值，这是因为在方案制订的时候，注音字母是群众最熟悉、最有影响的注音方案，今天台湾还在使用注音字母。而国际音标是供语言调查、语言研究用的记音符号，并不是大众化的注音工具，群众对国际音标十分陌生。国际音标一音一符，一符一音，标出来的是音位变体，而不是语音系统里的音位，并不适合民众用来学习普通话语音。因此，这样的修改建议没有价值。还有人认为现行的字母表有缺失，带两点的ü也应该进入字母表。世界上使用拉丁字母的语文，许多种是有加符字母的，而这些加符字母都不进入字母表。例如，德文的元音a、o、u有变音形式ä、ö、ü，法文有些字母可以附加音符或拼写符号，如é、à、û、Ï、ç等，而这些都不进入字母表。26个拉丁字母有全世界统一的字母表，非常方便不同民族文字之间的交流。《汉语拼音方案》的ü不进入字母表，完全符合国际的惯例。因此，这样的建议不应该被接受。总之，我们认为在今后的一个较长的时期内，对《汉语拼音方案》的着力点不应该放在对《方案》的修改上，而是放在方案的推行上。

四、进一步推行《汉语拼音方案》的建议

第一，要不断宣传推行汉语拼音的重要意义，批评反对汉语拼音的种种言论。

《汉语拼音方案》是经全国人大批准的方案，是《国家通用语言文字法》肯定的方案，是得到全国人民拥护的方案，也是ISO承认的用罗马字母拼写汉语的方案。50年来它在为汉字注音、推广普通话、进行中文信息处理、开

展中外文化交流等方面发挥了重要的不可替代的作用，然而有个别刊物多年来却一直放肆地攻击它，至今不知悔改。他们污蔑《汉语拼音方案》是“低能弱智”、“堕落”、“汉语不需要拼音”，叫嚷要“废止汉语拼音方案”[⑦]。今年是《汉语拼音方案》颁布50周年，我国政府和广大语文工作者要隆重纪念这个年份，而这份刊物利用这个时机继续攻击汉语拼音。该刊在2008年第1期上说：“《汉语拼音方案》当时并不是给汉字注音设计的，而是作为代替汉字的文字方案设计的，因此，今天作为给汉字注音是有缺陷的。做错了，应该勇于承认错误，不能文过饰非，不承认错误就是坚持错误。这是很可怕的。”这样的论断完全没有道理。《汉语拼音方案》的制订长达五年。在这五年中某些提法有过改动，这完全正常，有什么可以指责的呢？全国人大通过的关于《汉语拼音方案》的决议明确指出“汉语拼音方案作为帮助学习汉字和推广普通话的工具”，而该刊却硬要把它歪曲成代替汉字的文字方案，而且无中生有地说用《汉语拼音方案》给汉字注音是“有缺陷的”，请你们说说方案有什么缺陷？《汉语拼音方案》是“由毛主席和周总理亲自领导，由胡乔木承上启下，指导工作”[⑧]，而该刊物却说制订方案是“做错了”，而且说我们是“坚持错误”！是非应该分清；不批评错误的言论，《汉语拼音方案》就难于推行，难于发挥应该发挥的作用，人民的利益就会受到损害。国家主管新闻出版的部门，对于这样攻击《汉语拼音方案》、反对国家语文政策的刊物应该做出处理。

第二，要努力扩大汉语拼音的应用，重点放在推行用汉语拼音来拼写。

推行汉语拼音，不断扩大汉语拼音的应用，仍旧是今后语文工作中的重要任务。本文在前面说过，全国会用拼音的占44.64%，会一些的占23.69%，两项合计也只占68.33%。目前，汉语拼音应用中的拼写错误几乎随处可见。《汉语拼音正词法基本规则》虽然已经成为国家标准，但是社会知名度不高，许多人还不了解，连不少语文老师也不了解。在推广方面，还有很大的空间。1958 年 1 月 10 日，周恩来总理在《当前文字改革的任务》的报告里，讲到《汉语拼音方案》的用途是：（1）给汉字注音。（2）拼写普通话，作为教学普通话的有效工具。（3）作为各少数民族创造和改革文字的共同基础。（4）帮助外国人学习汉语，以促进国际文化交流。此外，可以用来音译外国的人名地名和科学技术术语，可以在对外的文件、书报中音译中国的人名地名，可以用来编索引，等等。50 年前周总理讲到的汉语拼音的这些用途，有些直到现在也没有做到。

《国家通用语言文字法》规定“国家通用语言文字以《汉语拼音方案》作为拼写和注音工具”，但是有不少人只知道汉语拼音可以用来注音，不知道可以用来拼写。小学语文课本至今没有按照汉语拼音正词法的规定，实行分词连写。其实，拼写的重要性要大于注音。汉字是记录汉语的唯一的法定文字工具，我们要长期坚持使用汉字，但是汉字和其他语文工具一样，也是既有优点也有缺点，它也有不便使用和不能使用的地方。例如，汉字不是字母文字，不能直接进入电脑，不能直接在网络上传输，而汉语拼音就可以克服这个难关，帮助汉语汉字走进信息网络时代，走上信息高速公路。外国人学习汉语汉字，要借助汉语拼音的帮助，汉语拼音给汉语插上翅膀，使汉语方便地走出国门，传向世界。利用拼音，辅助汉字；汉字为主、拼音为辅：这就是中国文字生活发展的必然趋势。张志公先生说：“掌握了汉字和拼音两套工具，总比只会一套的更聪敏一些。需要汉字我会汉字，需要用拼音我会拼音，多好！”⑨

第三，要加强小学拼音教学，给学生打好拼音基础。

1986 年试行的《全日制小学语文教学大纲》中指出：“汉语拼音是帮助识字、阅读和学习普通话的有效工具，要充分发挥汉语拼音的作用。”“要学会汉语拼音，能准确熟练地拼读音节（有条件的可以逐步做到直呼音节），以帮助识字、阅读和学习普通话。”1992 年国家教委颁布的《九年义务教育全日制小学语文教学大纲（试用版）》，明确提出："有条件的可以逐步达到直呼音节"，"低年级学生在写话的时候，可以用音节代替没学过的汉字"。1994年，国家教委开始降低对汉语拼音教学的要求，删去了"低年级学生在写话的时候，可以用音节代替没学过的汉字"。2000年教育部颁布的《九年义务教育全日制小学语文教学大纲（试用修订版）》继续降低对汉语拼音教学的要求，由"熟练拼读音节"改为"准确拼读音节"，删去了"帮助阅读"的功能。2001年教育部推出《全日制义务教育语文课程标准（实验稿）》规定："学会汉语拼音。能读准声母、韵母、声调和整体认读音节。能准确地拼读音节，正确书写声母、韵母和音节。认识大写字母，熟记《汉语拼音字母表》。""能借助汉语拼音认读汉字。"上面我们介绍的小学拼音教学要求的变化，值得深思。汉语拼音在小学语文教学中本来可以发挥多方面的作用，除了认读汉字外，还可以帮助学习普通话，帮助阅读、写作，开发学生的智力。现在这些用途都取消了，语文教学又回到"先识字，后读书"的老路上去。汉语拼音是开发学生智力的金钥匙，是培养未来建设新人的重要工具。打不好拼音基础，也学不好语文。教育主管部门对这个问题应该坚持语文改革的成果，慎重对待并妥善处理小学的拼音教学。

［附　注］

①周有光《汉语拼音 文化津梁·序言》，《汉语拼音，文化津梁》第1页，三联书店2007年版。

②周有光《汉语拼音 文化津梁·序言》，《汉语拼音，文化津梁》第2页，三联书店2007年版。

③胡乔木《关于当前文字改革工作的讲话》，《胡乔木谈语言文字》第282至283页，人民出版社1999年版。

④胡乔木《对推行〈汉语拼音方案〉的三点意见》，《胡乔木谈语言文字》第308页，人民出版社1999年版。

⑤周有光《方案的进一步完善化》，《汉语拼音，文化津梁》第336页，三联书店2007年版。

⑥周有光《回忆拼音方案的制订过程》,《汉语拼音 文化津梁》第184页,三联书店2007年版。

⑦分别见《汉字文化》1996年第3期第51页,1996年第1期53页,1989年第1至2期合刊第11页。

⑧周有光《回忆拼音方案的制订过程》,《汉语拼音 文化津梁》第179页,三联书店2007年版。

⑨张志公《汉字不能废,拼音不可无》,《中国教育报》1993年3月30日。

(《语言文字应用》2008年增刊)

慎言修订《汉语拼音方案》

2008年是《汉语拼音方案》颁布50周年。为了纪念这个年份，近两年来，语文学界发表了多篇有关汉语拼音的论文，这些论文对《汉语拼音方案》的制订、推行、教学、应用和修订进行了探讨。本文是我读了这些论文提出的修订《方案》意见后提出的一点看法，敬请读者指正。

这些讨论修订《汉语拼音方案》的文章，都肯定了《汉语拼音方案》取得的重大成就。例如，安华林（2008）说："《汉语拼音方案》推行50年，成就巨大，是公认的最佳拼音方案。"丁迪蒙说："《汉语拼音方案》使用至今已经有四十多年了。在注音、拼音方面具有极大的实用性，受到各方面的好评，在推广普通话和汉字简化等工作上功不可没。"王立说："1958年2月公布的《汉语拼音方案》是中国语文现代化进程中的一个里程碑。《汉语拼音方案》是拼写汉民族共同语的拼音方案。它的成功推广，对推动中国的文化教育事业、经济建设，以至整个社会的发展起了巨大的作用。”

修订《汉语拼音方案》涉及两个层面，一个是学术层面，一个是行政层面。学术层面要解决的是要不要修订，怎么修订。行政层面，从国内来说，《汉语拼音方案》是全国人大批准的，要修订必须经过全国人大同意。从国际来说，1977 年，联合国地名标准化会议通过决议，建议：采用汉语拼音作为中国地名罗马字母拼法的国际标准；1982 年 8 月 1 日，国际标准化组织发出 ISO 7098 号文件，宣布《汉语拼音方案》已成为世界文献工作中拼写有关中国的专门名词和词语的国际标准。修订《汉语拼音方案》要经过这两个国际组织的同意。

一、与修订《汉语拼音方案》有关的几个问题

（一）如何理解“在实践过程中继续求得方案的进一步完善”？

1958 年 2 月 11 日第一届全国人大五次会议通过的《关于〈汉语拼音方案〉的决议》指出：“汉语拼音方案作为帮助学习汉字和推广普通话的工具，应该首先在师范、中、小学校进行教学，积累教学经验，同时在出版等方面逐步推行，并且在实践过程中继续求得方案的进一步完善。”如何理解“求得方案的进一步完善”，学者们的认识并不完全一致。当年领导制订《汉语拼音方案》的胡乔木同志对这个问题发表过看法。胡乔木说：“《汉语拼音方案》除了使用上有许多问题需要解决以外，作为拼音方案本身，它并没有发生什么问题。”[①]胡乔木还说：“希望文字改革委员会能尽快地把《汉语拼音方案》进一步完善化，在日常应用中规范化。例如拼写要标调，要正词（规定词的区分的统一规则）。否则不但不便使用，而且会使人认为这是一个不完善的粗制滥造的方案。”[②]这些意见具有指导意义，值得重视。

过去的 50 年，政府与语文工作有关的部门，在“进一步完善”《汉语拼

音方案》方面做了许多工作。主要的有：（1）1982 年 8 月 17 日，国家标准局和中国文字改革委员会发布《汉语拼音字母名称读音》。（2）1996 年 1 月 22 日，国家技术监督局批准发布《汉语拼音正词法基本规则》。（3）2001 年 2 月 23 日，国家语言文字工作委员会发布《汉语拼音方案的通用键盘表示规范》。

（二）《汉语拼音方案》不是拼音教学方案。

汉语拼音的教学，不论是对本国学生的教学和对外国学生的教学，都要根据教学的对象、培养目标、条件等，制订教学方案组织实施，不能机械地死搬《汉语拼音方案》。《汉语 拼音方案》只有一个，而拼音教学方案可以有多个。《汉语拼音方案》的修订有很高的门槛，而汉语拼音教学方案的修订，不必通过国家的立法机构。修订汉语拼音教学方案与修订《汉语拼音方案》是不同的两件事，修改拼音教学方案不等于要修改《汉语拼音方案》。拼音教学中出现的问题，有的与《汉语拼音方案》有关，有的与《汉语拼音方案》无关。不要把教学中遇到的所有问题，都归结为《汉语拼音方案》本身存在问题。例如，丁迪蒙说：在对外汉语教学中，有的学生把 zh 类和 z 类声母后面的 -i 读成 i。把“知道”读成“鸡到”，把“日本”读成“力本”。“这是由于《方案》考虑不周而引起的语音误导。”我们认为这种意见是不能成立的。

（三）《汉语拼音方案》用于人机界面。

1958 年全国人大批准《汉语拼音方案》时，中文信息处理还没有起步，当时考虑问题只是在人际界面。文革结束后，计算机用于汉语语言文字的处理有了很大的发展。《汉语拼音方案》扩大了使用范围，由人际界面扩大到人机界面，随之也出现了许多新的问题。例如，声调符号和带两点的 ü 如何输入计算机。根据人机界面的需要，可以制订在人机界面如何使用汉语拼音的规定，国家语委发布的《汉语拼音方案的通用键盘表示规范》就属于这种类型。这并不需要修订《汉语拼音方案》。

（四）修订和重订不同。

重订《汉语拼音方案》，可以重新拟订架构，要根据需要撰写内容；而修订则不同，要基本保留原有的架构，要尽量减少改动。《汉语拼音方案》是有重大影响的成功的文献，修订时一定要十分慎重，对那些可以改动也可以不改动的地方就不要改动。例如，《方案》规定："在给汉字注音的时候，为了使拼式简短，zh ch sh 可以省作 ẑ ĉ ŝ。""在给汉字注音的时候，为了使拼式简短，ng 可以省作 ŋ。"50 年来，几乎没有人使用这种省写的规定，因此有人提出应该把这样的规定删去。如果是重订《方案》自然应该删去，如果是修订，还是保留为好，因为《方案》只说"可以省作"，没有说"必须省作"。

另外，汉语拼音中有些约定俗成的东西可以继续使用，不一定都要补充到《方案》里去。例如，字母 ü 如何大写，《方案》中并没有规定，在实际使用中群众用在大写的 U 上加两点来表示。又如，iu、ui 的调号标在哪个字母上，《方案》也没有规定，多年来群众已经习惯标在后一个元音字母上，如"纠"拼成 jiū，"灰"拼成 huī。关于隔音符号的使用，《方案》规定："ɑ，o，e 开头的音节连接在其他音节后面的时候，如果音节的界限发生混淆，用隔音符号（'）隔开，例如：pi'ɑo（皮袄）。"多年来群众使用的习惯是，不论这些音节的界限是否发生混淆，一律用隔音符号隔开。要不要为补充这些规则而修订《方案》呢？不必了，因为它并不违背整个《方案》的精神，把这些意见写在拼音教材里面就可以了。

（五）用什么样的字母代表什么样的音素是任意的吗？

梁驰华说："从根本上说，字母符号与它所代表的音素是两码事，用什么样的字母代表什么样的音素是任意的。"这种意见值得商榷。如果是自创的字母也许可以这样说，但是对于广泛用于全世界的罗马字母不能这样说。当今的世界，地球变成了地球村，各民族的来往日益密切。"语言求通，文字尚同”，是世界语文发展的规律，汉语拼音不能孤立于字母大家庭之外。用什么字母代表什么音素，罗马字母的使用已经形成了大致的国际传统。拟订拼音方案当然要考虑所拼写的语言的语音特点和民族传统，但是对那些可以采用罗马字母国际音域的地方，就不要标新立异。在《汉语拼音方案》产生以前，使用罗马字母的“国罗”和“北拉”在社会上有一定的影响，“国罗”和“北拉”的设计也比较重视罗马字母的国际传统。如果《汉语拼音方案》完全抛开了这种传统，群众就会感到不习惯，同时也不利于民族间的文化交流。所以我们说，用什么样的字母代表什么样的音素，不完全是任意的，必须全面权衡然后做出决定。

（六）汉语拼音是简好还是繁好?

刘建明说：“汉语拼音越是简明易学，它的作用就越能得到更好的发挥。”这种看法有片面性。《汉语拼音方案》首先要有很高的科学性。这就是说它必须能准确地拼写普通话的语音系统，不能有错讹疏漏。作为拼写普通话语音的法定方案，简明易学不是方案追求的首要目标。如果不问实际情况一味求简，结果可能因简而陋，就不能承担预期的重任。反之，《汉语拼音方案》也不能过繁，不能把教学方案里要说的话都写到里面去。理想的状态是繁简适当，繁而不乱，简而不陋。我们认为《汉语拼音方案》基本达到了这样的要求，修订《方案》应当保持现有的繁简状态。

二、无须采纳的意见

在我读到的修订《汉语拼音方案》的意见中，有些意见是不很合适的。这有几种情况：有的依据的事实不符合实际，有的所用的概念不够明确，有的观点与语言文字学的基本原理有相悖之处。在修订《方案》时，这些意见无须采纳。下面举出几个实例来，稍加辨析。

（一）拼音字母的名称是疑案吗？

李蓝说：“《汉语拼音方案》字母的读音从公布之初就有争议。到现在已成了一桩疑案，包括当年《方案》的制定者在内，好像没有人能说清楚当时为什么要制定这样一套读音。”这与事实不符。汉语拼音字母的名称问题不是什么疑案。早在上个世纪《汉语拼音方案》制订并公布的时候，就有多位学者对字母的名称问题做了研究和详细的说明。例如，周有光发表了《拼音字母的名称问题》（载《拼音》1957 年第 5 期）。这篇文章经过修改补充改名为《字母名称的来源》，收入《拼音化问题》论文集（文字改革出版社 1980 年版）。周先生在文章里讲解了字母名称的来源和演变，还介绍了现代各国的拉丁字母的名称。周先生还发表了《字母名称和拼音教学》（载《文字改革》1959 年第 9 期），分析了“拼音字母名称是根据什么原则规定的？”“为什么不沿用旧的注音字母名称？”“为什么不借用英文字母名称？”等问题。叶籁士发表了《汉语拼音方案问答》（文字改革出版社 1958 年 5 月版），回答了“为什么要规定字母的名称？”“字母名称是怎样规定的？”曹伯韩在《汉语拼音方案和注音字母的比较》（载《怎样学习汉语拼音方案》，文字改革出版社 1958 年 6 月版）里也讨论了汉语拼音字母的名称问题。

（二）注音字母是推行不久就被拼音字母取代了的吗？

解植永、李开拓说：“注音字母在给汉字注音和推广‘国语’方面曾经起到一定的作用，但是，由于存在记音不精确、不便于学习等问题，推行不久就被拼音字母取代了。”我们知道，注音字母 1913 年制订、1918 年公布施行。公布后不久就进入了小学课堂，在大陆一直使用到 1958 年，推行时间长达 40 年。在台湾直到今天仍在使用。说“推行不久就被拼音字母取代了”，与事实不符。注音字母存在的主要问题是采用了汉字笔画式的字母，而不是“记音不精确、不便于学习”。汉字笔画式的字母虽然可以用来注音，可是不便于用来拼写，也不便于国际文化交流。

（三）是各类词典都没有使用字母 ê 吗？

吴登堂说："韵母表后文字说明的第三条：'韵母ㄝ单用的时候写成 ê'，但在实践中，没有人把'ㄝ'写成'ê'，包括各类词典。"这与事实不符。请看"诶""欸"的注音，发行量很大的《新华字典》和《现代汉语词典》都把这两个字的读音"ㄝ"写成"ê"，《汉语大字典》也同样把"ㄝ"写成"ê"。怎么能说"没有"呢！

（四）汉语拼音用的是什么字母？

黎传绪说："《汉语拼音方案》是采用国际通用的拉丁字母制订的。"可是他接着又说："'字母表'中采用的 26 个字母全部来源于英文字母"。试问：汉语拼音字母采用的到底是拉丁字母还是英文字母？其实，汉语拼音字母和英文字母都是来自拉丁字母，也叫罗马字母，说汉语拼音字母来源于英文字母是不对的。

（五）《汉语拼音方案》保留了旧有的注音字母的读音吗？

黎传绪说："其中声母表、韵母表和声调符号基本上保留旧有的注音字母的读音。"这话很费解。《汉语拼音方案》的"声母表"和"韵母表"列出了普通话的声母和韵母，用注音字母标明它们的普通话读音，而不是"保留旧有的注音字母的读音"。"声调符号"部分根本就没有注音字母，更说不上"保留旧有的注音字母的读音"。

（六）在字母表中是把注音字母定位为"名称"吗？

熊一民说："在字母表中把注音字母定位为'名称'，也是不够妥当的。所谓'名称'应指事物的名字，注音字母在字母表中并不是汉语拼音字母的名字，而代表着字母的读音。"这位作者没有读懂《汉语拼音方案》的"字母表"，字母表的第一行是拼音字母的体式和顺序，第二行用注音字母标明的是汉语拼音字母的名称，而不是"把注音字母定位为'名称'"。汉语拼音字母和其他拼音字母一样可以有"名称"。我们不知道作者说的"字母的读音”指的是什么。如果指的是拼音字母的名称，上面说了，注音字母标明的是拼音字母的名称；如果指的是《汉语拼音方案》中字母的音值，字母表并没有这样的功能，要到声母表和韵母表里去找。

（七）韵母表是没有全面、明确地显示韵母的发音吗?

熊一民说：“《方案》的声母表的横行和竖行实际上标明了不同发音部位和发音方法的声母的区别，而韵母表中则没有全面、明确地显示这一点。”声母是由辅音构成的，我们可以从发音部位和发音方法两个方面确定辅音的发音，也就是声母的发音。《方案》的声母表只是沿用了注音字母里面声母的排法，按照发音部位把声母分为六组，谈不上“标明了不同发音部位和发音方法的声母的区别”。韵母主要是由元音构成的，舌面元音的发音要从开口度的大小、舌位的前后和嘴唇的圆展三个方面来说明。韵母的发音不能从发音部位和发音方法来说明。《汉语拼音方案》的韵母表全面、明确地列出了普通话里的35个韵母，直行按单韵母、复韵母和鼻韵母的次序排列，横行按开齐合撮四呼的次序排列，科学合理，一目了然，没有什么可以批评的。

（八）字母表里是存在着本音、呼读音、名称音使用混乱吗?

解植永、李开拓说：“‘字母表’本音、呼读音、名称音使用混乱。《汉语拼音方案》对这几类读音没有作明确说明，大部分人在读拼音字母时用的是呼读音，相当多的人误认为呼读音就是字母的本音。”《汉语拼音方案》字母表用注音字母标明的是拼音字母的名称，并没有标明拼音字母的本音。本音指字母表示的音值，拼音字母的音值在声母表和韵母表里有明确的规定。所谓呼读音是注音字母的名称音，字母表里根本没有出现、也不应该出现。谈不上“‘字母表’本音、呼读音、名称音使用混乱”。至于有人用注音字母的呼读音来称说汉语拼音字母的名称，字母表里并没有这样的规定，也不能因此批评“《汉语拼音方案》对这几类读音没有作明确说明”。

三、不宜采纳的意见

讨论修订《汉语拼音方案》的论文中提出的另外一些问题，虽然谈不上有什么理论上的错误，但是从制订《方案》的整体考虑不宜采用。下面也举出几个实例来，稍加辨析。

（一）李蓝说：《汉语拼音方案》中三表（字母表、声母表、韵母表）存在不统一的问题。“原《汉语拼音方案》的字母表中有一个‘v’，但这个v既不见于声母表，也不见于韵母表，就汉语拼音的拼写对象北京话来说，这实际上是一个无用的符号。但在韵母表中，却又出现了一个不见于字母表的‘ü’。”作者认为：“由于字母表里没有‘ü’（‘ü’只出现在韵母表里），这就直接导致了两个问题：一是‘ü’没有规定的字母读音（只有‘呼读音’），二是‘ü’没有规定的大写形式。”

我们认为，作者为了突出自己所拟的《新方案》，竟然把人大批准的《汉语拼音方案》称作“原方案”是十分不妥的，因为《汉语拼音方案》并没有被废止，也没有被取代，怎么能说是“原”呢？

《汉语拼音方案》的字母表里保留了拼写普通话没有使用的字母v，又没有补入加符字母ü。这不是什么失误，而是制订《方案》时的有意为之。这样处理的好处是保持国际通用的罗马字母表不变，既便于国际文化交流，也便于信息处理和字词检索。如果在字母表里增加了ü、去掉了v，改变了国际通用的罗马字母表的内容就会对字母的使用带来极大的不便。研究拼音方案问题要从实际的应用出发，而不是从空想出发，对这一点要有清醒的认识。《汉语拼音方案》的五个部分（字母表、声母表、韵母表、声调符号、隔音符号）既有分工又互相补充，构成了一个整体，这是《汉语拼音方案》的创造，不存在什么“不统一的问题”。字母ü没有列入字母表，并没有产生什么问题。ü 是元音，元音的音值也就是它的名称，不能说《汉语拼音方案》没有规定它的读音。ü 的构成是在字母 u 上加两点，ü 的大写就是在大写字母 U 上加两点，这个问题在实际应用中已经解决，也没有什么困难。

（二）黎传绪说："ü 是中国汉语拼音中特有的一个字母，所以在输入汉语拼音时就无法正常输入。""解决字母 ü 的问题，最简单、最科学的办法就是：用字母'v'代替字母'ü'。"在人机界面上，可以用 v 代替 ü，但是在人际界面上不能这样处理。罗马字母的使用有国际的习惯，元音字母和辅音字母的区分不宜随意改动。v 是辅音字母，不宜用来表示元音。v 并不是完全没有用处的字母。《汉语拼音方案》规定"v 只用来拼写外来语、少数民族语言和方言"，这是很正确的。佤族的"佤"拼作 Va，无可替代。早在 1958 年，北京大学的袁家骅先生就写文章呼吁"坚持字母的汇通原则"。袁先生说："所谓汇通，根据我的理解，就是同样的字母代表同样的或相当的音位或音素。汇通的目的和作用是便利于互相学习。""关于元音符号，汉语拼音方案中的规定大致符合拉丁字母发音的传统，也符合国际音标的系统，不会引起多大困难问题。"[③]在我们讨论 ü 是不是改为 v 的时候，重温袁先生的意见是有益的。如果只考虑汉语的拼写，用 v 取代 ü 可能是个不错的设计；如果放大了眼光，从国际文字交流看，就是不宜采用的办法。周有光说："有人建议用'v'代表'迂'，经过研究，弊多而利少。"[④]

（三）解植永、李开拓说："ê 的利用率低。《汉语拼音方案》规定 ê 记录［ε］音，单用时写作 ê，与 i、ü 结合时省去其上的符号。ê 单用时记录的音节只有一个，只对应一个'欸'字，所以，ê 的出现率极低；同时，拉丁字母基础上加符的形式不便于计算机输入，所以，ê 字符的存在价值不大。"他们主张："ê 摘帽。""完全可以用 e 代替它"。

我们认为，e 与 ê 读音不同，又都可以单独使用，不宜合并。如果给 ê 摘帽，"阿、屙、婀、讹、俄、莪、哦、峨、娥、锇、鹅、蛾、额、恶、厄、扼、莪、哦、轭、饿、鄂、谔、萼、愕、腭、鹗、锷、颚、鳄、遏、噩”等读 e 的字，就与读 ê 的“欸”拼音形式相同，无法区分。不能因为 ê 的出现率极低，就否定它的存在。至于 ê 输入电脑的困难，《汉语拼音方案的通用键盘表示规范》规定：“韵母 ê 在通用键盘上用 E 加 A 组合键位替代表示。”问题已经解决，无须为此修订《汉语拼音方案》。

（四）何坦野说：“现行的《方案》中有三个双（字母）声母（zh、ch、sh）和一个双（字母）尾辅音（ng），在人们使用中，因拼写笔画繁多，出现的频率又较高，势必造成不少物力和人力的浪费。为了经济和书写的实用性、有效性，我认为目前不仅有必要，而且应及时改变这种不合理的状况。”为了解决这个问题，作者主张另造新字母，就是在 z、c、s 的中间平添一横，代替 zh、ch、sh，用 g 中腰加一横代替 ng。我们都还记得，为了严格实行“一音一符”，在 1956 年 2 月发表的《汉语拼音方案（草案）》（原草案）里有 6 个新字母。但是在随后进行的群众讨论中，这 6 个新字母遭到了否定。因为“新造出来的字母不容易造得很好，在国际间总是未经约定俗成的生面孔，在印刷、打字、电报等等机器没有按照新字母重新设计并大量生产的时候，有实用上的困难。”⑤已经被否定的路就不要再走了。

（五）解植永、李开拓说：“表示舌尖后音的声母 zh、ch、sh 设计不科学。舌尖后音采用字母 z、c、s 后加 h 的形式，即用两个字母记录一个音素。而 h 单用时是舌根音字母，同时，在国际音标中也用作送气符号，那么，zh、ch、sh 的形式在对外汉语教学中容易引起留学生的误解，初学者经常会用 z 和 h 相加的办法拼读 zh，造成误读（读成：z、h 连读或 z^h）。另外，4 个卷舌音 zh、ch、sh、r 在形式上也不一致。”他们主张：“用 zr、cr、sr 取代 zh、ch、sh。”对此，我们提出几点看法，与他们商榷：第一，zh、ch、sh 这样的双字母组合在西文中很常见。汉语中没有复辅音，zh、ch、sh 表示一个音位，而不是前后两个辅音相拼，道理容易理解，教学没有困难。第二，zh、 ch、sh 和 z、c、s 配合整齐就够了，普通话里没有 rh 和 r 的对立，也就用不着，把“日”写成 rh。第三，把 zh，ch，sh 写成 zr，cr，sr，或者 dr，tr，sr，这样比较符合语音原理，但是跟习惯不合，所以也不宜采用。

（六）张乃书、张雅静主张对《汉语拼音方案》的标调方法进行修订。理由是：“按照规定，声调符号应注在哪个字母上，实际操作起来相当麻烦。这些规定在今天的信息社会里已经明显落伍。由于现行方案在拼音中声调符号过多，不仅书写、印刷不便，而且有时为了注明声调，往往让连写中断，因此达不到速写速记的目的。使用《汉语拼音方案》的人，有时为追求字形美观，常不注声调，这在事实上又使《汉语拼音方案》回到北方话拉丁化新文字无法独立使用的‘怪圈’里。”作者认为：要“打破字母大小写的惯例”，“用字母大小写精确标出声调，则是积极而稳妥的方法。”“以 e 为例，各声调分别表示为 EE，eE，ee，Ee，e。”

我们认为，汉语声调的几种表示方法，如符号标调、字母标调等各有利弊。《汉语拼音方案》沿用注音字母的符号标调，符合传统，便于推行。如何解决由此带来的某些不便，学者们可以继续探讨提出对策，张乃书、张雅静两位先生提出的办法恐怕是弊多利少。罗马字母分为大写和小写，在使用上有明确的分工，已经成为传统。如果打破这个传统，用大小写来表示声调，那么原来靠大小写传递的信息就难于传递。依照传统，我们用汉语拼音拼写句子时，句子开头的首字母要大写，专有名词的首字母要大写等，如果打破字母大小写的惯例就都无法表示。遇到需要一律使用大写字母的时候，如文章的标题，又该怎么办呢？而且按照这种设计，大写字母的使用频率会大幅度增加，拼音文本的面貌要大变，人们能够接受这种变化吗？

（七）解植永、李开拓认为：“ao、iao、ong、iong 4 个韵母的构形与实际音值不一致。ao、iao、ong、iong 四韵母的实际读音为［au］［iau］［uŋ］［yŋ］，应该记为 au 、iau、ung、üng。《汉语拼音方案》为避免手写体 u 与 n

相混，采用 ao、iao，而不采用 au 、iau 的形式；为避免手写体 u 与 ɑ 相混，采用 ong、iong ，而不采用 ung、üng 的形式。虽然这样的处理一定的程度上起到了使字形清晰的作用，但是，给教学带来了麻烦，学生在学习过程中会误认为存在元音 o［o］韵尾，对于 ong、iong 分属合口呼与撮口呼也不理解。”他们主张：“用 au、iau、ung、vng……代替原来的 ao、iao、ong、iong 4 个韵母。”

这是一个如何权衡利弊的问题。ao、iao 里面韵尾 o 的发音，是介乎 o 和 u 之间，因此，写成 o 或者 u 都是合理的。国语罗马字写作 au、iau，威妥玛式和北拉写作 ao、iao，两者各有利弊。同理，把 ung、üng 写作 ong 和 iong，会使阅读醒目的 o 时时出现。赵元任在《国语罗马字的研究》里提出了“文字尚形”的原则。他说：“罗马字的好处不是在拼音的准确，是在有极少数的字母可以拼出种种面孔的词形。只有小孩子几年学话认字的时候，或不懂官话的人练音练字母的时候，才见拼音文字的拼音性的便利，等到学会了实用起来的便利并不是拼音文字底拼音性的便利，乃是字母文字底字母性的便利，就是好写，好认，好打字，好排印，好作书目，字典，索引，……等等便利。”[6]文字尚形，不同于音标。为了便于读写，文字的拼式可以与实际的读音保留一点距离。这是文字的通例。《方案》规定的写法已经成为习惯，不宜更改。

（八）解植永、李开拓认为：“省写的规定带来误解。主要是 iou、uei、uen 前面加声母时，写成 iu、ui、un 的规定。这条规定给教学带来很大麻烦……制定省写规定的主要目的是减少字母用量、缩短音节结构，依据是 iou、uei、uen 中间的主要元音在拼读时会弱化。……为缩短音节结构而省写的必要性不是很大。”他们主张 iou、uei、uen 不省写。

韵母表里列出的 iou、uei、uen 这三个复韵母，它们的结构是“韵头＋韵腹＋韵尾”。在零声母音节里，要写作 you、wei、wen。进行结构分析时，不能把 y、w 作为声母，它们的结构依旧是“韵头 + 韵腹 + 韵尾”。这三个复韵母受声母和声调的制约，主要元音会不同程度地高化弱化。《方案》为求实用上的简便，统一规定省写为 iu、ui、un。这不但有音理的根据，而且有拼写的传统。威妥玛和北拉把 iou、uei、uen 省写作 iu、ui、un。要明白拼音形式与实际读音，并不总是处处紧密吻合。周有光说：“拼音形式和实际发音往往不能完全吻合，这也是国际通例。”⑦至于会“给教学带来很大麻烦”，要由教学法研究解决，而不需要修改方案。

（九）安华林（2008）认为：y、w 的使用规则并不统一。“i 行、u 行有时加写，有时改写。……这样时加时改，让初学者难以掌握。”他建议：“凡零声母音节，一律在前面加上 y、w，i、ü 行加 y，如 yi（衣）yia（呀），u 行加 w，如 wu（乌）、wua（蛙）。”

我们认为，使用 y、w 时，i 行、u 行有时加写，有时改写，这是由韵母本身不同的结构决定的。如果一律在前面加上 y、w，像 yia（呀）、wua（蛙）就无法进行结构分析；如果一律改写，yi（衣）、wu（乌）就成了 y、w。《方案》的设计要注意明确简洁，但是不能违背发音原理。周有光说：“有人主张废除韵头字母，因为韵头字母的变化初学者学习困难；特别是 j 改作ㄐ的专用字母以后，为了保留 y 作为表示ㄩ的字母，主张废除韵头字母。但是，片面要求简单易学是不妥当的。为了使拼写方式完备，方案仍旧保留了韵头字母，而且对《草案》里缺少韵头字母的ㄩ（《草案》作 y）也补充了韵头字母（ü 以 yu 为韵头形式）。这一规定对于多音节词连写有好处。”⑧

（十）陈文俊主张：“取消隔音字母 y、w 和隔音符号‘'’，一律用声调符号兼作音节分界符号。”我们认为，隔音字母和声调符号性质不同用途也不同，不宜合而为一。拼音字母一定要使音节界限清楚，这是必须做到的，不容有任何含糊。注音字母由于没有完备的隔音设计，只能用来给单字注音，如果用来拼写语句就很难读懂。汉语是有声调的语言，所以汉语拼音一定要有完备的声调表示法，拼音文本根据实际需要，可以标调也可以不标调。如果把声调符号和隔音符号合在一起，拼音文本声调符号就永远不能省略，使用受限制。

四、要权衡利弊再做出取舍的意见

许多文章都提出了修改拼音字母名称的意见。王则柯、梁美灵说："35年来，《方案》关于字母名称的规定却从来没有被我国社会接受。""我们建议，按照约定俗成因势利导的原则，总结社会实践的经验，借用英文字母名称称呼汉语拼音字母。"王玫君主张用声母呼读音代替辅音字母的名称音。关于拼音字母名称的讨论，包括两个方面。一个是如何确定名称，有人认为有的字母名称不是普通话里的音节，所以不便称说。其实英文字母里的q和w的读音也不是普通话里的音节，为什么就能流传开来？另一个是用什么办法表示字母的名称，许多人不赞成用注音字母，建议用国际音标，或者用汉语拼音字母。这两个方面有时又混在一起，例如，主张采用英文字母读法的，不言而喻也主张用英文字母来表示拼音字母的读音。

我们认为，《汉语拼音方案》确定字母名称的原则和根据这个原则确定的字母名称并无不妥。既然如此，为什么拼音字母的名称至今没有被民众接受呢？真正的原因是没有认真推广。周有光说："20世纪50年代末，我跟一位幼儿园老师商量好，她在'大班'上课的时候，先播放留声机的'拼音字母歌'，第一遍大家静听，第二遍大家跟唱。每天如此。不用任何解说，孩子们很快都学会了'拼音字母名称'。这说明推广新的字母名称并不难，只要教师们愿意实验。这个实验后来可惜没有继续下去。"⑨这个实验现在仍旧可以进行，仍旧会取得良好的效果。如果在全国的小学和幼儿园大班都用这个办法，坚持5年，字母的名称就会被社会接受，得到推广。为什么许多人愿意用英文字母的读音来读汉语拼音字母呢？因为连续多年的英语热，使得英语成为国人最熟悉的外语。既然《汉语拼音方案》规定的字母读音没有很好地传习，遇到需要读出字母名称的时候，顺手拈来就只好使用英文。这种状况能不能改变，要看主管部门是不是愿意增加学习汉语拼音的时间，提高对汉语拼音教学的要求，加大字母读音的推行力度。在中国的国家地位不断提高，中华民族的民族意识日益高涨的今天，有中国特色的《汉语拼音方案》所确定的拼音字母的名称会不会也“崛起”呢？

能不能改用注音字母呼读音来称说呢？现在有不少人写文章反对《汉语拼音方案》里使用注音字母。既然不用注音字母，怎么又要使用注音字母的呼读音呢？再说，注音字母的呼读音里面没有 v、y、w 这三个字母的读法，这三个字母应该怎么读也是问题。有人主张就用英文字母的读法来读拼音字母，理由是现在许多人都学英文，把拼音字母和英文字母的名称统一起来可以减轻学生的学习负担，也便于社会接受。其实很多北方人读的英文字母并不规范，英文字母里的浊音常常被误读为不送气的清音，也只得将错就错了。拼音字母的名称，到底应该怎么读，当前只有两个选项，一个是仍照《方案》的规定读，另一个是照英文字母的读法读，两种办法各有利弊。

用注音字母表示拼音字母的名称，这在《汉语拼音方案》制订并公布时是唯一的正确选择。过了 50 年，社会上很少有人还认识注音字母了，这也是实际情况。有人主张把注音字母改为国际音标，理由是学习英语的人都学过国际音标。可是国际音标是语言研究用的记音符号，不是大众化的注音工具。学英语时学到的国际音标只适合标明英语读音，并不完全适合标记《汉语拼音方案》里的字母读音。如果把注音字母和国际音标都排除掉，似乎可行的标音工具就只有汉语拼音了。

拼音字母的读音问题，可能一时难于取得共识，目前所能做的是维持现状。现状是什么？就是不改《方案》，按注音字母的呼读音或英文字母的名称音读拼音字母的名称，缺点是不统一而且混乱。为统一拼音字母的名称而去修改《汉语拼音方案》，在目前恐怕也难于做到。

五、小结

世界上本来没有十全十美的东西，十全十美的拼音方案过去没有，将来也不会有。对《方案》不要求全责备。“进一步完善”并不等于一定要不断地修改调整。要不要修改首先要以学术研究的成果为依据，要十分慎重地对待，不宜轻率从事。胡乔木同志指出：“在舆论界，我们也不应该随便散布推翻否定或怀疑《汉语拼音方案》的言论。相反，舆论界倒是应该多作一些推广普通话、简化汉字和推行国家法定的《汉语拼音方案》的宣传。我们的文字改革的专家学者和文改工作者，也应该多做一些这方面的宣传工作。”[10]周有光说：“汉语拼音方案不是没有缺点的，但是改掉一个缺点往往会产生另一个缺点。缺点和优点是共生的。只能两利相权取其重，两弊相权取其轻。”[11]有的人把片面性当作全面性，因为他不了解历史，不了解全面。要讨论如何修订《汉语拼音方案》，就要认真阅读前辈学者的有关著作，先继承后创新，这样才可能提出有新意的有价值的修订意见。

没有新意的修订意见就不一定再说了，再说不但白白耗费时间和精力，而且还会分散或转移人们的注意力。就汉语拼音来说，当前工作的重点不是讨论如何修订而是研究如何大力推行。《国家通用语言文字法》规定：“国家通用语言文字以《汉语拼音方案》作为拼写和注音工具。”当前，用汉语拼音来注音，阻力不大，但是用来拼写，阻力很大，还没有普遍实行。有些人误以为用汉语拼音来拼写，拼音就变成了拼音文字。其实用拼音来拼写，拼音依旧是辅助汉字的工具，而不是代替汉字的拼音文字。这种误解要破除。

［附　注］

①胡乔木《关于当前文字改革工作的讲话》，《胡乔木谈语言文字》第282页，人民出版社1999年版。

②胡乔木《对推行〈汉语拼音方案〉的三点意见》，《胡乔木谈语言文字》308页，人民出版社1999年版。

③袁家骅《坚持字母的汇通原则》，《中国语文》1958年第1期。

④周有光《回忆拼音方案的制订过程》，《新时代的新语文》第201页，三联书店1999年版。

⑤周有光《拼音字母的产生经过》，《汉语拼音 文化津梁》第173页，三联书店2007年版。

⑥《赵元任语言学论文集》第73页，商务印书馆2002年版。

⑦周有光《汉语拼音方案基础知识》第33页，语文出版社1995年版。

⑧周有光《方案的争论问题及其解决》，《汉语拼音 文化津梁》第159页，三联书店2007年版。

⑨周有光《关于拼音字母名称的一些资料》，《汉语拼音 文化津梁》第310页，三联书店2007年版。

⑩胡乔木《关于当前文字改革工作的讲话》，《胡乔木谈语言文字》第283页，人民出版社1999年版。

⑪周有光《回忆拼音方案的制订过程》，《汉语拼音 文化津梁》第186页，三联书店2007年版。

［参考文献］

这些文章是北京语言大学刘振平老师提供给我的，谨向刘老师表示感谢。

尤敦明《〈汉语拼音方案〉iou uei uen 的“丢音”现象给语音教学带来的问题》，载《上海师范大学学报》1985年第2期

林宗仁《现行汉语拼音教学体系初探及调整意见》，载《福建师范大学学报》1990年第2期

陈文俊《汉语拼音方案需要完善》，载《延安大学学报》1991年第2期

何坦野《关于〈汉语拼音方案〉的双字母之更改议案》，载《浙江师大学报》1993年第1期

王则柯、梁美灵《〈汉语拼音方案〉的系统优化问题》，载《语文建设》1993年第2期

叶军《〈汉语拼音方案〉在对外汉语教学使用中的一些问题》，载《语文建设》1997年第8期

安华林（1998）《〈汉语拼音方案〉改良刍议》，载《语文学刊》1998年第5期

迟永长《完善〈汉语拼音方案〉的几点思考》，载《辽宁师范大学学报》1999年第6期

王玫君《〈汉语拼音方案〉中辅音字母名称音由声母呼读音取代的必要性和可行性》，载《铜仁师专学报》2000年第1期

黄党生《〈汉语拼音方案〉中一个需要商榷的问题》，载《汉中师范学院学报》2000 年第 1 期

颜迈《对〈汉语拼音方案〉的修改意见》，载《贵州教育学院学报》2000 年第 5 期

熊一民《对〈汉语拼音方案〉的思考》，载《武汉教育学院学报》2000 年第 5 期

梁驰华《从小学汉语拼音教材的变通谈〈汉语拼音方案〉的完善》，载《南宁师范高等专科学校学报》2001 年第 3 期

张乃书、张雅静《〈汉语拼音方案〉标调方法应当修订》，载《苏州职业大学学报》2001 年第 4 期

严戎庚《关于修订〈汉语拼音方案〉的若干意见》，载《韩山师范学院学报》2002 年第 4 期

吴登堂《〈汉语拼音方案〉有待完善》，载《丹东师专学报》2002 年第 4 期

郭沈青《关于汉语拼音方案设计的几点看法》，载《青海师专学报》2002 年第 6 期

高燕《汉语拼音方案修改意见综述》，载《语言文字应用》2003 年第 2 期

苟芳琴《〈汉语拼音方案〉的完善与优化》，载《甘肃高师学报》2004 年第 4 期

黎传绪《修订完善〈汉语拼音方案〉的思考》，载《南昌教育学院学报》2005 年第 1 期

王彬《亟待修改的〈汉语拼音方案〉》，载《铜仁师范高等专科学校学报》2005 年第 2 期

周奕《汉语拼音对外国学生发音偏误的诱发机制及其教学对策》，载《语言文字应用》2005 年第 3 期

张宝林《语音教学的现状与对策》，载《云南师范大学学报》2005 年第 6 期

任莉《〈汉语拼音方案〉字母表名称音浅议》，载《湖南民族职业学院学报》2006 年第 1 期

王立《〈汉语拼音方案〉字母名称音的呼读问题》，载《江汉大学学报》2006 年第 4 期

王晶《〈汉语拼音方案〉在对外汉语教学中容易形成的若干误区》，载《现代语文》2007 年第 1 期

许晋《〈汉语拼音方案〉的应用与完善》，载《术语标准化与信息技术》2007 年第 2 期

丁迪蒙《〈汉语拼音方案〉在对外汉语教学中的缺憾及辨正》，载《上海大学学报》2007 年第 6 期

解植永、李开拓《〈汉语拼音方案〉存在的问题及改进策略》，载《北华大学学报》2008 年第 2 期

安华林（2008）《再谈〈汉语拼音方案〉的优化》，载《北华大学学报》2008 年第 3 期

李逊永《改进〈汉语拼音方案〉的建议和意见》，载《北华大学学报》2008 年第 3 期

李蓝《〈汉语拼音方案〉的社会性、实践性及相关问题》，载《语言文字应用》2008 年增刊

李志江《关于完善〈汉语拼音方案〉的几点建议》，载《语言文字应用》2008 年增刊

刘建明《修汉语拼音方案　还师生晴朗天空》，载《内蒙古教育》刊出的日期漏记

（《汉语拼音教学国际研讨会论文集》，语文出版社 2009 年版）

汉字输入中的形码和音码

用键盘把汉字输入到计算机里去，使用的方法有两大类，就是形码和音码。从发展的历史说，是先有形码后有音码。1978 年支秉彝发明了“见字识码”，后来有了王永民的五笔字型，形码声势大振。音码使用的是汉语拼音。早期的音码需要选择同音字，费时费力，不受用户欢迎。后来音码逐步改进，由按字输入改为按词语输入，同音字的键选率就大为降低。例如按字输入“民族”，要从“民、敏、闽、闵、悯”等字中选“民”，再从“足、祖、族、组、阻”等字中选“族”。改为按词语输入后就不必再选字，输入 minzu，软件自动转换为“民族”。读过小学的人都学过拼音。只要知道词语的准确读音就能输入，不必拆字记忆字根。利用拼音可以直接在计算机上起稿写作，边想边打，边打边改，轻松自如。音码因为有这些优点，后来居上，在输入法市场占有的份额越来越大，现在已经成为输入法的主流。以五笔字型为代表的形码感到了威胁，他们向社会发出了呼吁，要求扭转这种局面。这就是王永民、杨桃源两位先生合写的《警觉拼音输入法对运用汉字能力的销蚀》（以下简称《警觉》）发表的背景。《警觉》发表在2005年10月11日的《光明日报》上。我读了《警觉》后，感到它的论述有许多不够科学的地方，愿意提出来做一些讨论，供关心输入法的朋友们参考。

一、音码的错误率真的是形码的9倍吗？

《警觉》断言拼音输入法对运用汉字能力具有销蚀作用，所持的一个理由就是“拼音输入法”的错误率是“字形输入法”的9倍。这真是个令人吃惊的数字，不过我们要考察一下这个数字是怎么得出来的。《警觉》告诉我们说，某报20个月中因电脑录入造成的错误共1896处。其中因同音输入造成的错误，如“突破”误为“图破”、“重点”误为“终点”等，共有1703处，占90%；因字形相近造成的错误，如“紧”误为“紫”、“租赁”误为“租凭”等，共有193处，占10%。90%正是10%的9倍。《警觉》把同音造成的错误归音码，把字形相近造成的错误归形码，用这样的办法来比较形码和音码的错误率显然是不妥的。看了《警觉》的说明，我们也不知道该报录入文稿使用的是形码还是音码。如果该报录入文稿用的都是形码或者都是音码，不管是哪一种，因为没有比较，根本无法比较音码与形码的错误率。要比较形码和音码的错误率，看来唯一的可能是既用形码也用音码。可是要做比较至少还要看录入的数量，如果录入的文稿90%用音码，10%用形码，得出音码的错误是形码的9倍，其实两者正好相等。要比较形码和音码，还要看录入员的素质。假定某报有两个录入员，录入员A技术熟练，工作认真，录入的错误就少；录入员B技术不熟练，工作马虎，录入的错误就多。如果A用形码，B用音码，音码的错误比形码多，这并不能说音码不如形码。此外，文稿内容的难易，录入所用时间的长短等等因素也都是必须考虑的。对输入法的评测是很复杂的事情，像《警觉》那样的比较只不过是为了宣传，并没有多少科学性。从统计学的角度看，将两个来自不同母体的样本数据进行同质对比，以达到耸人听闻的效果，是研究方法的不严谨，还是故意采用诡辩技巧，请读者分析。总之“9 倍”的结论并不可信。

二、“提笔忘字”真的与使用音码有极大的关系吗？

《警觉》断言拼音输入法对运用汉字能力具有销蚀作用，所持的另一个理由就是音码造成使用者提笔忘字。它说：“在我国长期使用‘拼音输入法’的用户中，有‘提笔忘字’经历者超过95%。这是因为许多人长期在电脑、手机上‘打拼音’，已经习惯了用拼音‘代替’汉字。越来越多的人‘提笔忘字’，甚至不会写字，这是千百年来中华文化中从未有过的一件怪事，这种现象与‘拼音输入法’有极大关系。”其实“提笔忘字”不是新问题，而是个老问题，在没有计算机的时候早就有了的。由于汉字字数繁多、结构复杂，要想把几千个形状不同、用法各异的汉字记得熟练、写得正确并不是件容易的事情，很多多年使用汉字的人都遇到过提笔忘字的尴尬。由于个人电脑进入了千家万户，用它来写文章的人越来越多。人们在享受信息技术带来的方便快捷的同时，手写汉字的机会自然有所减少，提笔忘字的几率必然会增加。这是使用计算机付出的代价，这与使用的是形码还是音码无关。《警觉》指出：“英语的输入和书写，基本上是用字母，输入的就是书写的。所以，使用英语的人不会因为长期使用电脑而‘提笔忘字’。而我们用‘拼音输入法’输入汉字则不同，输入的并不是书写的。”这段话有三个句子，前两个句子都很正确，而第三个句子只说了音码却故意避开了形码。音码输入的是拼音，像五笔字型那样的形码输入的是字根，都不是汉字，输入的和书写的都不一致。形码和音码都是编码，对提笔忘字多少都会有影响。如果说这就是音码的销蚀作用，形码同样也不能辞其咎。

三、音码能使汉字形神俱灭吗？

《警觉》为了推销形码，给音码泼了许多脏水。它说：“汉字的‘音’是衣，‘形’才是身。‘弃形留音’，等于‘舍身存衣’。‘拼音输入法’离开了对汉字造字元素的直接思考和运用，可以毫不夸张地说，汉字必将因此而形神俱灭，汉字本身所固有的文化遗传基因，也将因此种输入方式大行其道而丧失殆尽。”从这段论述看，音码的问题已经不是对运用汉字能力的销蚀了，简直成了汉字的千古罪人，可惜事实并非如此。文字是记录语言的符号，汉字是用来记录汉语的。汉字有形式和内容，字形是形式，音义结合的汉语语素是内容。汉字的音和义来自汉语语素的音和义。形码从字形入手，通过形表示汉语语素。音码从字音入手，通过音表示汉语语素。两者都表示汉语语素，只不过所走的途径不同，实际上是殊途同归。不管使用哪种输入法，汉字还是汉字，汉字本身所固有的文化遗传基因都不会改变，哪有丧失殆尽这回事！至于说汉字的“音”是衣、“形”是身，这种比喻并不恰当。如果一定要用衣和身来比喻，可以说“形”是衣，被形记录的语素才是“身”。有着几千年悠久历史、负载着丰富汉文化的汉字，自有其生存和发展的规律。由于计算机的使用，汉字扩大了使用的范围，谁曾见到了汉字形神俱灭的景象？说穿了不是汉字受到什么威胁，而是形码感到了威胁。这其实大可不必。形码和音码是不可缺少的两种输入方式，两者相辅相成，不过哪一种都不能统一天下。就字的输入说，知道读音的字可以用音码，不知道读音的字就只能用形码。

四、不要把输入法的优劣与汉字的前途扯在一起

《警觉》为了抹黑音码，故意把输入法的比较与汉字的前途扯在了一起。我们比较输入法的优劣，是为了让汉字更方便地进入计算机，在信息化时代更大地发挥作用。至于汉字是不是要走拼音化道路，那是另外的问题。到目前为止，汉语拼音化是一种学术主张，不是国家的语文政策。汉语拼音不是拼音文字，国家通用语言文字以《汉语拼音方案》作为拼写和注音工具。汉语拼音用于汉字不便或不能使用的领域。把音码的使用说成是“裹胁着汉字在‘拼音化道路’的迷途上前行”完全没有根据。

五、是什么销蚀了运用汉字的能力?

运用汉字的能力包括会认、会写、会用等几个方面。我们从这几个方面对形码与音码稍加比较。形码着眼于字形，不考虑字音，长期使用形码对汉字的认读能力可能会有影响。形码适用于“看打”，就是眼睛看着文稿上的字形，拆字编码输入。如果听别人口述文件，录入员要先把口述的文件在心里转换为汉字。音码着眼于字音，不考虑字形，长期使用音码对准确掌握汉字的字形可能会有影响。音码适用于“想打”，就是一边构思一边输入，在计算机上直接写文章、改文章。从认读字形看，形码优于音码；从记录口语、认读字音看，音码优于形码。从书写看，形码和音码都是用“打写”代替“书写”，彼此相同，难分伯仲。音码并不改变字的读音，相反像五笔字型这样的字根码有时要改变字的结构和书写笔顺。例如，多字根的字取第一、二、三及最末一个字根编码，其余部分省去。例如“戆”只取立早夂心，省去了工贝。就写字说，戆省去了工和贝就不成字了。又如“国”字，

笔顺应该是门王丶一，可是五笔字型却变成了囗王丶。这样的改动对语文教学是十分不利的。

六、哪种输入法将成为主流？

形码和音码互有短长，对输入法来说都是不可缺少的。不论是形码还是音码，要想一方吞掉一方，独占市场，都是做不到的。从目前情况看，形码输入速度较快，键选率较低，但是需要专业培训，适合专业录入员使用；音码不需要培训，会拼音就会输入，适合干部和知识分子在计算机上写作。随着个人电脑的普及，汉字输入法形成了巨大的市场，形码与音码都在争这个市场，都希望自己成为主流。在市场经济时代这很正常，给用户提供了选择的空间。《警觉》承认目前音码"盛行"，而且"愈演愈烈"，形码怎么改变这种形势呢？靠把对手抹黑的办法达不到目的，结果往往适得其反，每位用户心里都有一杆秤。市场的竞争是技术实力的竞争。形码要想成为市场主流，唯一的办法就是改进技术，特别是针对非专业录入员的大量知识分子，使他们感到方便快捷，愿意使用。形码的真正对手不是音码，而是它自己。如果技术没有改进，要想超过音码占有更多的市场份额，恐怕是难以做到的。

（《光明日报》2005 年 11 月 8 日）

在争论中前行的字母词

在改革开放以前，汉语中有字母词但是数量很少，如 WC（盥洗室、厕所）、TB（肺结核）等，没有引起社会的注意，也没有研究它的专门论著发表。中共十一届三中全会以后，伴随着改革开放的兴起，字母词成批地涌现了出来，气势汹涌，夺人耳目。1994 年 10 月刘涌泉先生在《语文建设》发表了《谈谈字母词》的文章，提出了“字母词”这个名称。1997 年 9 月山东大学出版社出版了葛本仪教授主编的《汉语词汇论》，其中有《字母词问题》的专节。2001 年 7 月上海辞书出版社出版了刘涌泉先生编著的《字母词词典》，收字母词 2000 多条，这是第一部字母词词典。2002 年 2 月，汉语大词典出版社出版了沈孟璎教授主编的《实用字母词词典》，收字母词 1300 多条。在这之后，对字母词的著录、研究逐渐成为词汇研究的热点，也成为因特网上争论的话题，引起了语言学界以至社会公众的关注。

什么是字母词？刘涌泉说："字母词是指汉语中带外文字母（主要是拉丁字母）或完全用外文字母表达的词，前者如B超，卡拉OK；后者如CD，UFO。它是一种新形式的外来语。"（《谈谈字母词》）字母词与汉语里其他的词在形式上的显著不同在于它带有外文字母或者完全用外文字母。从性质说，首先它是外来词，而不是汉语用自身的构词成分构成的词。汉语吸收外来词的主要方式除了音译（如"逻辑、雷达"）、音译兼意译（如"基因、引得"）、半音译半意译（如"啤酒、摩托车"）等以外，还有就是借形词。老的借形词是从日语里吸收进来的用汉字书写的语词。这些借形词进入汉语后，改用汉语的读音，抛弃了日语的读音。例如：概念、干部、干线、具体、抽象、纲领、组织等。字母词和来自日语的借形词都是外来词，字母词与借形词不同之处在于它的词形不是汉字，而是外文字母。有些用汉语拼音构成的缩写词，如GB（国家标准）、RMB（人民币）、HSK（汉语水平考试）等，词形虽然也是字母，但不是外来词。如果单看词形，GB等也可以叫做字母词，但它们不是字母词的主体。

从使用的领域看，字母词又可以分为两类：一类用于全民语言，如GNP（国民生产总值）、GPS（全球定位系统）、DNA（脱氧核糖核酸）、ISO（国际标准化组织）、e-mail（电子邮件）；另一类用于网络语言，如IC（I see，我明白了）、VG（Very good，很好）、GG（哥哥）、PMP（拍马屁）。这两类字母词性质不同，在交际中起的作用也不同。网络语言是在城市里一部分青少年中流行的社会方言，流通范围狭窄，不具有全民性。网络语言有许多不规范成分，对通用语言有销蚀作用。有的地方规定，网络语言不能出现在政府公文、报纸杂志、课堂的教育教学等领域，不能超出网络使用的范围，这种规定是必要的。在这篇短文里，我们不讨论网络语言里的字母词，只讨论全民语言里的字母词。

字母词为什么能在改革开放的中国大量地产生？因为改革开放以来，中国和外界的交往日益频繁，逐渐融入世界。随着中国经济社会的快速发展，观念的更新，汉语里新的概念不断出现，原有的词语不够用，急切需要增加新词。用汉语的构词成分构造新词往往费时费力，不如直接引进国外已有的词语来得方便快捷。在时事政治和科学技术方面这种现象比较突出：前者如WTO（世界贸易组织）、ISO（国际标准化组织）、CEO（首席执行官）；后者如CAD（计算机辅助设计）、CPU（中央处理器）、DNA（脱氧核糖核酸）。这两个领域在现代中国社会发展变化都十分迅速，也正是字母词大显身手的地方。时势造英雄，字母词生逢其时，自然会得到很好的发展。再者外文字母与汉字是不同性质的文字，汉字社会对外文字母本来有种排斥力，而改革开放以来外文字母迅速进入千家万户，汉字社会对这些异域来客改变了态度，不但不再排斥，而且是张开双臂表示欢迎，甚至引为时尚。字母词进入汉语后，有什么积极的作用呢？刘涌泉先生归纳为四个字，就是：快（拿来就用）、简（写起来简便）、明（醒目）、广（用途广）。这正是字母词生命力之所在。

字母词大量出现以后，在社会上就出现了赞成和反对两种对立的意见。赞成者认为：字母词是改革开放的产物，是信息时代的产物，汉语引进字母词丰富了汉语的表现力，适应了时代的需要，是大势所趋；反对者认为：字母词破坏了汉语书面语的整齐的美，破坏了汉语的纯洁。语言是文化的载体，破坏了汉语也就破坏了汉文化，后果十分严重，因此对字母词的使用必须加以限制。我认同前一种意见，不赞成后一种意见。在当今世界，全球化势不可挡。各种语言和文化互相影响，词语互相借用，促使各种语言都得以丰富与发展，这是语言发展的自然趋势；相反，完全与外界脱离、拒绝吸收其他语言词汇里的有用的东西，必然使自身陷入绝境。现代英语的词汇有近一半来自法语和拉丁语，很多科学方面的词来自希腊语。现代日语中汉语词占半数以上。其中包括明治期间利用汉语的构词法创造的大量新词。英语和日语有大量的借词，并没有破坏英语和日语所负载的文化，相反增强了英语和日语的表达力和竞争力。同样，汉语自古至今不断吸收外来的有用成分，这不但没有损害汉语的规范和健康，反而更能增加汉语的表达力和竞争力，我们不能无视这个事实。

我们赞成吸收字母词，但是同时也主张科学、合理地使用字母词，不赞成滥用字母词。今天的中国并不是人人都懂外语，人人都熟悉字母词。人们遇到字母词时第一个困惑是不懂得表达的是什么意思，文章读不下去。写面向社会一般民众的文章时要尽量少用字母词，特别是那些社会不熟悉的字母词。非用不可的时候，要有必要的注释。字母词的使用在科技界往往具有更为重要的意义，无法回避也不应该回避。科技术语有很强的专业性，非本专业的人员不容易理解，这不是字母词本身有什么毛病。读文章的人要努力学习字母词，扩大自己的词汇量。遇到不懂的字母词要查字典，或向别人请教。花点工夫学习字母词是值得的，它可以更新或充实自己的词汇库，提高自身的语言运用的能力。对字母词开始时可能看不惯，但是因为它有用，所以要坚持下去。只要坚持下去逐渐就会习惯。另外，政府主管语言文字的部门，要抓紧解决字母词的规范问题，为使用者提供方便。字母词从产生之日起就面对着不同意见之间的争论，争论不但没有影响它的发展，相反它在争论中继续前行。赞成的意见固然使它受到鼓舞，反对的意见也使它看到了自身的不足，促使它不断克服缺点，以便更好地适应社会的需要。

（《科技术语研究》2006 年第 2 期）

谈“据形定部”

现代汉字要实现四定，四定就是定量、定形、定音、定序。定序有许多种方法，传统字序法里面影响最大而且也最复杂的是部首法。本文拟对部首法里的据形定部做一些讨论。

一、据形定部的提出

部首法历史悠久，影响深远，是查字法里重要的一类。《说文解字》（以下简称《说文》）建立的部首法本来是对汉字的分类，并不是为了检索，后世逐渐演变为部首排检法。《说文》主要依据意符定部，叫做据义定部。随着篆书演变为隶书和楷书，有些字的结构发生了变化，据义定部遇到了困难。另外，有些字经过隶变在结构上虽然没有发生大的改变，但是要确定其中哪部分是意符也并不容易。基于这两方面的原因，据义定部的部首法也不得不做出改进。明代梅膺祚编纂《字汇》，提出了“论其形不论其义”的主张，这是据形定部的先河。下面几个字在《说文》里是据义定部，到了《康熙字典》（以下简称《康熙》）里就改为了据形定部。例如：

	《说文解字》	《康熙字典》
年	禾部	干部
更	攴部	日部
兵	廾部	八部
奏	夲部	大部
奉	廾部	大部
我	我部	戈部
成	戊部	戈部
甥	男部	生部

这样改动的结果，传统部首变成了以据义定部为主夹用据形定部的混合体。《康熙》使用的部首是这种混合体的代表，民国时期编纂出版的《中华大字典》、《辞源》、《辞海》等也都使用了这种部首。这种部首有优点也有缺点：优点是重视意符的作用，找到了意符也就找到了部首；缺点主要有两个，一个是不少字意符不易确定，另一个是据义定部与据形定部混在一起，使用的人难于掌握。进入20世纪，受到西方文化的影响，出现了改革查字法的呼声，在过去的100年里出现了三次改革高潮。使用部首法建立字序的关键在于确定部首，鉴于传统部首法存在的缺点，人们提出的改革办法就是把据义定部改为据形定部。追求的目标是看到一个字，可以不管它的意义，只根据字形就能够确定它的部首。部首确定了，也就很容易地从检字表里查到要查的字。这个目标十分诱人。

20世纪60年代，文化部、教育部、中国文字改革委员会、中国科学院语言研究所等部门联合组成了汉字查字法整理工作组，进行了查字法的改革，其中包括部首法的改革。工作组于 1964 年 4 月提出了四种查字法的草案，其中包括《部首查字法（草案）》（见《中国大百科全书·语言文字》卷第 201 页）。《部首查字法（草案）》采用据形定部，包括有 250 部的部首表和归部的条例，向社会推荐试用。修订本《辞海》（以下简称“新《辞海》”）采用了这个“草案”。这是据形定部部首的一次全面实施，但是没有得到其他辞书的呼应，形成了孤军独进的局面。到了 80 年代，几种比较有影响的辞书使用的部首数目不同，采用的归部原则也不同。例如《康熙》设 214 部，新《辞海》设 250 部，《新华字典》《现代汉语词典》设 189 部，等等。部首的不统一，给使用带来了不便，统一部首法成为人们的急切意愿。1983 年 6 月，中国文字改革委员会和文化部出版局联合召开了统一汉字查字法座谈会，会上成立了统一部首查字法工作组，工作的目标是实现部首法的统一。工作组采取依据字形定部、贯彻“以大包小”“口径一致”的原则，参照社会通行的《康熙》、新《辞海》、《新华字典》的部首表，制定了《汉字统一部首表（草案）》，同年由中国文字改革委员会和国家出版局发布并推荐试用。20 多年过去了，《汉字统一部首表》仍旧是个草案。试用的情况怎么样，它能不能成为统一汉字部首的方案，应该做出回答。

二、《部首查字法（草案）》

1964 年 4 月汉字查字法整理工作组发布的《部首查字法（草案）》，在新《辞海》里得到了全面的贯彻。下面我们就以 1999 年版的新《辞海》里的《部首表》、《部首查字法说明》、《部首调整情况表》等资料作为讨论的依据。

在研制《部首查字法（草案）》时，当时的国务院秘书长齐燕铭提出了一个意见，就是：“整理查字法，不要割断查字法的历史，不要把传统的查字法改得面目全非。”[①]这个意见是有道理的。因为查字法要有群众基础，全新的东西缺乏群众基础，推行起来会有很大的难度。改革查字法要重视传统，不过继承并不是一律照搬，而是有所选择，要满足现实的需要，既要有继承也要有创新。

（一）《部首查字法（草案）》的立部

从立部说，新《辞海》对传统的214部做了调整：（1）删去部首8个，如：二、爻、用、舛。（2）合并部首6个，如：行并入彳、士并入土。（3）分立部首10个，如：如手分出扌、刀分出刂。（4）新改部首10个，如：艸改艹、辵改辶。（5）新增部首40个，如：厂、兀、亡、天。从部首数目说，214部中有180部沿用不变，另有10部部首不变但部内统属的字有所减少。新《辞海》的立部以继承为主，但同时也有很大的创新，突出的表现是设立了40个新部首。这是因为定部的原则变了，立部也不得不变。下面我们用三个例子说明增加新部首的必要性：

例一，设立亡部，部内有“邙、妄、肓、忘、盲、氓、羸、赢”等21个字。为什么要立亡部？先看“氓”字，《康熙》“氓”在氏部，因为民和氏形近。这样处理对查字并不方便，因为要死记。新《辞海》没有设民部，也没有把“民”归入氏部，因为民和氏的形体毕竟不同；如果不设亡部，“氓”就无部可归了。再看亡部其他的字，亡在上下结构的字里出现在上面，在左右结构的字里出现在左面。有了亡部，不论是上下结构的字还是左右结构的字，查字时都可以一步到位，确定部首；如果不设亡部，这些字虽然仍旧有部可归，如“妄”归女部、“肓”归月部，但是查字时不能一步到位，而是要多费工夫。

例二，设立申部，部内有“申、畅、崠、暢”4个字。以“畅”字为例，《康熙》“畅”在田部，因为申和田形近，这样处理对查字并不方便。新《辞海》没有设“昜”部，也没有把“申”归田部。如果不设申部，“畅”

就无部可归；而设了申部，查字时可以一步到位，确定部首。

例三，设立𡗗部，部内有“奉、奏、春、秦、泰、舂、蠢”等9个字。以“奉”为例，《康熙》归大部，这样处理对查字并不方便。新《辞海》设立𡗗部，这些字查字时都可以一步到位，确定部首；如果不立𡗗部，“奉”就无部可归，其他的字虽然有部可归，但是要多费工夫。

（二）《部首查字法（草案）》的归部

新《辞海》的《部首查字法说明》提出了比较完整的归部原则。第一条是总原则：“依据字形定部。一般采取字的上、下、左、右、外等部位作部首；其次是中坐和左上角。按照以上七种部位都无从确定部首的，查单笔部首（即一丨丿丶乛乙）。”例如：“实”取宀，“想”取心，“松”取木，“刘”取刂，“固”取囗，等等。这就解决了上下结构、左右结构、包围结构的字的归部问题，而这三类字占汉字总字数的95%以上。②关于中坐，《部首查字法说明》指的是“夹、办、乘、幽”等字，这类字无法归入左右、上下、包围三个大类型，它们的特点是内支持外，我们叫做框架结构。框架结构的字取中坐作部首是非常合理的。

《部首查字法说明》还注意到了汉字拆分的层次。它规定：“下、左上角或右、左上角都有部首的，取下、取右，不取左上角。”例如：“渠”取木，不取氵；“楚”取疋，不取木；“肄”取聿，不取匕；“凯”取几，不取山。这种规定很有道理，符合合体字拆分的层次。例如“渠”是上下结构的字，第一次拆分得到洰和木，再对洰进行第二次拆分，得到氵和巨。据形定部时，尽量在第一次拆分出的部件上定部首，木在第一层，氵在第二层，所以“渠”取木，不取氵。

《部首查字法说明》里的例字，也有个别归部不当的，说明它对汉字结构的拆分还不完全合理。例如：

例一，“臧”取爿部。按：“臧”是包围结构的字，确定部首时要先外后内。外面的部分不是部首，部首应该取里面的臣。

例二，“愿”取厂部。按：“愿”是包围结构的字，确定部首时要先外后内。外面的原不是部首，部首应该取里面的心。而厂是原的组成部分，不在第一层次上。

例三，“含”取人部。按：“含”是上下结构的字，确定部首时要先上后下。上面的今不是部首，部首应该取下面的口。而人是今的组成部分，不在第一层次上。

汉字字形的拆分是件非常复杂的事，也是据形定部无法回避的事。应该尽量吸收现代汉字学研究的成果，细心地去做，尽量减少差错。

(三) 对《部首查字法（草案)》的评价

汉字查字法整理工作组制定的《部首查字法（草案)》是经过了长时间的认真的研究，制卡、排表、分析、调整，多方面听取意见，最后才形成了方案。它既有理论的支持，又有事实作为依据，所以发布后受到学术界的肯定。谢自立说：“(《部首查字法（草案)》）的一个最根本的改革就是彻底破除了‘从义归部’的旧传统，完全依据字形定部。”“这样就使得每一个单字基本上做到见字明部，不明字义的一般读者得以避免在运用旧部首查字法时，因为部首位置不固定而带来的那种难以断定部首的苦恼。此外，它对部首与部首之间以及一个部首内部各统属字之间的排次也作了进一步的规定，即先按笔画多少为序，在笔画相同的情况下，再按起笔笔形横、竖、撇、点、折的顺序排列。这个新部首查字法虽然有它很大的优点，但也不是十全十美的。例如部首的总数反而有所增加；其中也有一些冷僻部首像‘戋’部、‘冉’部、‘釆’部难以使人习惯和记忆；还有一些部首如‘镸’部和‘髟’部，根据规定的取部次序似无分立的必要；不少部首，像‘𡗗’部、‘亠’部，只是个偏旁，没有本字，不便称说；各部首内部统属字不均匀的情况依然存在，以1979年版《辞海》所收字而论，统属字在10个以下的有

94个，约占部首总数的38%，其中5个以下的36个，‘里’部除本字外，只有一个‘野’字，‘龟’部除本字外，没有任何统属字等等，这些都还有待进一步研究改进。”[③]程养之说：“《辞海》这么大胆地改革部首，引人注目，赞同的读者多，认为‘依据字形定部’，归部有个规律，容易查，好掌握，仅对少数字如‘矗’字归一部，‘来’字归米部，持有不同意见，觉得有些别扭。但也有部分读者，特别是熟悉老部首的读者，表示摇头，认为改动部首太过头了，难于接受，少数字的部首还比不上老部首好查。”[④]

我们认为，《部首查字法（草案)》包括立部和归部两部分，是个全新的、完整的部首查字法方案。新《辞海》采用了这个方案，把部首法的改革付诸实践并且坚持至今，是不容易的，也是成功的。在立部与归部上存在的一些不足，一方面是因为还缺少经验，另一方面是当时对汉字字形研究得还不够充分，可以利用的成果还不多。由据义定部到据形定部是部首法的重要发展，至于还存在某些不足之处、需要继续研究改进，这是一切新的尝试都难以避免的。

三、《汉字统一部首表（草案)》

(一）怎么理解“统一”

以《康熙》的214部为代表的传统部首尽管有许多缺点，但是有一个优点，就是统一。不管是《康熙》还是《中华大字典》、《辞源》、《辞海》，使用的部首表是相同的，字的归部也基本相同，这给使用带来了方便。新中国建立后，对部首法进行了改革，出现了几种不同的部首表，造成了部首法的不统一。使用者熟悉了一种部首表，换另一种辞书时常常还要熟悉另一种部首表。人们希望实现新的部首法统一，这种要求是可以理解的。1983年6月召开的统一汉字查字法座谈会就是以实现查字法的统一为目标，可是应该怎么理解“统一”?

部首查字法里存在着据义定部与据形定部两种类型，它们的定部原则是对立的。每种类型又可以有不同的设计，例如同是据义定部，就有《康熙》的214部，也有《汉语大字典》的200部。把同一种类型里的不同设计统一起来是可以做到的，但是要把两种不同类型的定部原则统一在一起，是劳而无功的。如果仅仅是把两种类型的部首表统一起来，表面看是统一了，但是实际上会造成立部与归部的矛盾尖锐化，给应用带来困难。这是因为立部与归部是密切联系、互相制约的，采用不同的定部原则就会产生不同的部首表。不加分析地追求笼统的统一，不会得到理想的结果，《汉字统一部首表(草案)》的实践正好说明了这一点。

(二)《汉字统一部首表（草案)》的立部

在统一汉字查字法座谈会上，“多数代表认为，应该根据汉字的形体结构归部，不能依据字义归部，也不能形义兼顾，否则会使多数读者不易掌握或者无所适从。”[⑤]根据这些意见，为了实现部首的统一，统一部首查字法工作组参照社会通行的《康熙》、新《辞海》、《新华字典》三部辞书的部首制订了统一部首的草案。我们知道，《康熙》和《新华字典》是据义定部的，新《辞海》是据形定部的，可见这次工作从一开始就把两种对立的定部原则混在了一起。《汉字统一部首表（草案)》（下文简称《统一》）从上述三种工具书里选取了共有的168个部首，再根据《汉语大字典》收字的实际需要做了增补，共设部首201个。《部首查字法（草案)》设立250部，人们提出的意见，其中有一条就是部首数目偏多，应该适当减少。《统一》吸收了这个意见，和《部首查字法（草案)》相比部首数目减少了49个。是根据什么原则决定哪些部首应该保留，哪些部首应该去掉呢？我们没有见到文字的说明，只能从公布的部首表来分析。《部首查字法（草案)》增加了40个新部首，这些新部首到了《统一》里只保留了一个业部，其余的39部都删去了。

我们说过，《部首查字法（草案）》增加的40个新部首是适应据形定部的需要，现在删去了。这样一改，《统一》在立部方面和据义定部的传统部首表就十分接近。我们把《统一》和《汉语大字典》、《汉语大词典》的200部部首表加以比较，可以看到区别仅在《汉语大字典》《汉语大词典》有黹部，而无业部和卓部。这样的部首表如果用在据义定部上可能没有太大的问题，但是用在据形定部上就扞格难通。

(三)《汉字统一部首表（草案)》的归部

下面我们举例说明《统一》的立部与归部的矛盾。

例一，《统一》删去亡部。“盲”字《康熙》据义定部入目部，知道“盲”的字义类别的人可以一步到位确定部首。新《辞海》增设了亡部，“盲”入亡部，也可以一步到位，而《统一》删去了亡部。人们查“盲”时，第一步要考察上面的亡是不是部首，当知道亡不是部首时，第二步再考察下边的目。当知道有目这个部首时，才能决定“盲”属目部。从归部的结果看和《康熙》是殊途同归，可是《康熙》一步到位，《统一》要两步到位，多花费一倍的时间。

例二，《统一》删去了亦部。“恋”（戀）字《康熙》入心部，知道“恋”的字义类别的人可以一步到位确定部首。新《辞海》增设了亦部，“恋”入亦部，也可以一步到位，而《统一》删去了亦部。人们查“恋”时，第一步要考察上面的亦是不是部首，当知道亦不是部首时，第二步再考察下面的心。当知道有心这个部首时，才能决定“恋”属心部。从归部的结果看和《康熙》是殊途同归，可是要比《康熙》多花费一倍的时间。

这两个例子说明，立部的缺少要用增加查字的步骤来补偿。

例三，《统一》删去了卵部。“孵”字《康熙》入子部。新《辞海》增设了卵部，“孵”入卵部，查字时一步到位确定部首。《统一》删去了卵部。人们查“孵”字时，第一步先考察卵。当知道卵不是部首时，第二步再考察孚，结果发现孚也不是部首，一个左右结构的字，左右两边的部件都不是部首时怎么办？只好分解部件。第三步把卵分为左右两部分，第四步、第五步考察卵的左右两部分，结果还是没有部首。第六步再分解孚，得到爪和子，第七步考察爪，到这时才确定爪是部首，要七步才到位。哪有新《辞海》来得简便？而国家语委汉字处编的《现代汉语常用字表·部首顺序表》这本书把“孵”入丿部。对“孵”字做据形拆分只能得到卵和孚，怎么能得到单笔画丿呢？单笔画部首的设立，本来是要解决独体字的归部问题，可是在《现代汉语常用字表·部首顺序表》里变成了垃圾桶，把不容易处理的字一股脑都推到那里去，完全不顾字形拆分的规则。

例四,《统一》删去了𠂉部。“年”字《康熙》入干部，查起来比较困难。新《辞海》增设了𠂉部，“年”入𠂉部，一步到位。《统一》删去了𠂉部,“年”只能当作独体字，入单笔画丿部。

这两个例子说明，由于没有卵部和𠂉部，作为补偿付出的代价是不合理的超越层次的拆分，最后还不得不装进单笔部首这个垃圾桶。

在《统一》里，像“孵”这样由两个部件组成而两个部件又都不是部首的字，在7000个通用汉字的范围内就还有“爻、予、师、乔、兆、尽、卵、甬、奉、表、丧、枣、畅、氓、奏、甚、歪、甭、举、昼、彧、哥、兼、焉、堇、啬、棘、粤”等字。这些字归部遇到的困难，说明《统一》的立部是有重大缺陷的。

《统一》作为“征求意见稿”最初发表在《文字改革》杂志1983年第11期上。那时在部首表的后面有一个《部首检字法说明》，也就是归部规则。这个规则与1964年的《部首查字法（草案)》大体相同，只是对一些合体字的拆分没有拿定主意，请读者“提示意见”。因为立部时没有充分考虑归部的需要，到了归部时遇到了难以解决的困难。到了这时《统一》的研制者不去研究问题出在什么地方，而是采取了不怎么负责的做法，把归部规则干脆去掉，只保留一张立部部首表。这就是《中国大百科全书·语言文字》上的《汉字201部首表》，也就是1983年以中国文字改革委员会和国家出版局的名义发布的《汉字统一部首表（草案）》。只有部首表而没有归部规则的"草案"无法使用，也无法成为统一汉字部首的依据，这样的部首表怎么能成为国家标准！这种做法自然受到了学术界的批评。李志江认为："《汉字统一部首表（草案）》公布至今已有12年，它与其他规定是否具有同等效力，许多人亦不清楚。人们关心的不只是部首设部的合理性，更关心汉字归部的确定性。此表没有对归部有分歧的字一一处理，也就没有从根本上解决统一的问题。"⑥章琼对《汉字统一部首表（草案）》提出了尖锐的批评。他说："《草案》公布后，虽陆续有人撰文讨论，但迄今未有定案。而且，由于没有制订具体的单字归部原则，《草案》只能是一纸空文。"⑦

四、改进部首查字法的建议

（一）据义定部和据形定部的比较

到目前为止，部首法里有据义定部和据形定部两种类型；因为定部原则不同，所以立部和归部也不完全相同。从立部说，《康熙》有214部，新《辞海》有250部。从归部说，即使是相同的部首所统辖的字也不完全相同。例如鸟部，在《康熙》里有"鸵、鹱、鸥、鸬、鸡（鷄）、鸣、鸦、鬲鸟"等字，而在新《辞海》里只有"鸵、鹱、鸥、鸬"，而没有"鸡、鸣、鸦、鬲鸟"。因为左右结构的字，左边有部首的就取左边为部首，所以"鸡"在又部、"鸣"在口部、"鸦"在牙部、"鬲鸟"在鬲部。从查字说，使用据义定部部首法查字的人要有两项预备知识：第一项是要熟悉部首表，越熟悉越好，知道都有哪些部首；第二项是要知道被查字的意义所属的大类。这后一点对非语文专业的人可能是非常困难的，常常使他们望而却步。使用据形定部部首法查字的人也要有两项预备知识：第一项是熟悉部首表，也是越熟悉越好，知道都有哪些部首；第二项是要有汉字结构的知识，要能分辨被查字的结构类型，例如“湖”是左右结构、“学”是上下结构等。一般说来，认识被查字的结构类别要比认识被查字的意义容易。实际查字时，关键在于确定部首。仍以带鸟的字为例，使用据义定部部首法时只要知道被查字在意义上与鸟有关，到鸟部去查就可以了；而使用据形定部部首法查字有时要多次比较匹配。例如查“鸵”字，可以一步到位，确定它在鸟部。要查“鸠”字要两步，第一步先查九字，结果是九不是部首；第二步再查右边的鸟，才能确定鸟是部首。不管使用哪种部首法，大约有百分之八十的被查字的部首比较容易确定，而有百分之十几的被查字的部首难于确定。比较两种部首法的优劣，需要大量的实验和数据分析，不是仅凭个人的使用经验就可以得出科学结论的。

从部首法的发展看，先有据义定部后有据形定部，可以认为存在着由据义定部向据形定部发展的趋势。一般说，据义定部适合专业语文工作者使用，而据形定部适合非专业语文工作者，也就是社会大众的使用。我们承认存在着这种演变趋势，但不是说有了据形定部，据义定部就可以废弃不用了。不是这样的，不但古代传下来的《说文解字》《康熙》今后还要用，就是新编的《汉语大字典》《汉语大词典》也还在用。据义定部还有生命力，还是部首法里不可缺少的类型。实际情况是两种查字法都要长期使用。对据义定部，我们要做出必要的改进；对据形定部我们要积极开展研究，使它逐步走向成熟。

要研究改进部首法，就必须坚持立部与归部的统一。一个部首法方案必须包括立部和归部两部分，而这两部分要密切联系、互相制约，而不能各行其是、各自为政。那种认为同一张部首表，既可以采用据义归部也可以采用据形归部的想法，是不合实际的。把据义定部和据形定部“统一”起来的设想是难以实现的。

（二）《部首查字法（草案）》与《汉字统一部首表（草案）》的比较

我们现在有两个据形定部的部首方案，一个是《部首查字法（草案）》，一个是《汉字统一部首表（草案）》，这两种方案孰优孰劣呢？第一，《部首查字法（草案）》既有立部的部首表又有归部的《部首查字法说明》，是个完整的方案；而《统一》只有立部的部首表，没有归部说明，方案本身并不完整。第二，《部首查字法（草案）》根据据形定部的需要对传统部首表做了调整，调整后的部首表基本适应据形定部的需要；而《统一》为了追求部首的统一，基本沿用据义定部的部首表，不完全适应据形定部的需要。我们在前面举出的“爻、予、师、乔、兆、尽”等字，在《统一》的部首表里很难解决，而在《部首查字法（草案）》里根本就不成问题。为了推进据形定部部首法，我们建议以《部首查字法（草案）》作为基础，进行必要的调整，使之进一步完善，然后作为推荐标准提供给社会。

必须重视部首法的检索效率。要努力提高查字的一步到位率，减少两步到位率，要尽量避免三步和三步以上才能查到要查的字的情况。例如“沪”在水部，一步到位；“所”在斤部，两步到位。像“弑”第一步查式不是部首，第二步查㐅也不是部首，第三步查木才确定是部首；“希”第一步查㐅不是部首，第二步查布也不是部首，第三步拆开布，查𠂇还不是部首，第四步查巾才是部首；如果立了㐅部，查“希”也就一步到位了。

在确定汉字类型方面，要吸收现代汉字的研究成果。只有明确了汉字的结构类型，才能确定采取什么样的归部原则。现代汉字首先要区分独体字与合体字，独体字取首笔单笔画为部首，合体字取多笔画部首。合体字再分为左右、上下、包围与框架四大类，分别确定取部规则。

拆分汉字要符合汉字的结构规律。拆分汉字有两种方法，就是据义拆分和据形拆分。用这两种不同方法拆分，得到的结果有的字相同，有的字不同。结果相同的如“堑”：第一次拆分得到“斩”和“土”，然后对“斩”

作第二次拆分，得到“车”和“斤”。结果不同的如“贼”：据义拆分第一次拆分得到“戈”和“则”；据形拆分第一次拆分得到“贝”和“戎”。据义定部要用据义拆分，据形定部要用据形拆分。据义定部难在确定意符，据形定部难在字形的拆分。由于汉字字形结构的多样性和无序性，很难找到一种简便的、对所有的汉字都能适用的拆分方法。据形定部是不是能做到让识字不多的人一看字形就能确定它所在的部首呢？多数字可以，少数字不行。为了解决拆分字形、确定部首的困难，有人提出采用“多开门”的办法。我们的意见是，要区分两种多开门：一种是据形定部与据义定部的多开门，例如“思”字既在田部又在心部；另一种是据形定部本身的多开门，就是既按一般拆分规则来确定部首，又按字形特征来确定部首。例如“焉”字既按拆分原则取正部，又按字形特征取灬部；“贫”字既按拆分原则取贝部，又按字形特征取八部。我们不赞成把据形和据义混在一起的多开门，赞成在据形定部内的多开门，而且多开门的数量要受到限制，不能过多。下面是试拟的据形定部的取部规则：

1. 左右结构的字。

先左后右：左面有部首的取左，如浅取氵、种取禾。左面没有部首而右面有部首的取右，如鹂取鸟、刺取刂。

“损”形结构字的取部顺序是：1 取左，2 取右上，3 取右下。左是部首的，如跨取足、培取土；右上是部首的，如倏取夂、孵取爪；右下是部首的，如蟾取日、锫取口。

“鸮”形结构字的取部顺序是：1 取右，2 取左上，3 取左下。右有部首的，如肄取聿、凯取几；左上有部首的，如翫取羽、嗣取口；左下有部首的，如弑取木、皦取日。

2. 上下结构的字。

先上后下：上面有部首的取上，如苇取艹、官取宀。上面没有部首而下面有部首的取下，如盎取皿、丝取一。

“热”形结构字的取部顺序是：1 取下，2 取左上，3 取右上。下是部首的，如渠取木、楚取疋；左上是部首的，如梵取木、聚取耳。右上是部首的，如整取攵、颦取页。

“岓”形结构字的取部顺序是：1 取上，2 取左下。上是部首的，如霈取雨、藕取艹。左下是部首的，如孬取女、舞取夕。

3. 包围结构的字。

先外后内：外有部首的取外，如因取囗、旬取勹。外没有部首而内有部首的取内，如翘取羽、昶取日。

4. 框架结构的字取中坐，如巫取工、爽取大。

5. 独体字按起笔笔形确定单笔画部首，如乜取乛、册取丿。

6. 在同一部位有多笔和少笔几种部首互相叠合的，取多笔部首，不取少笔部首。如章、竟、意，部首有丶亠立音，取音部；磨、糜、靡，部首有丶亠广麻，取麻部；空、容、窻，部首有丶宀穴，取穴部。

7. 按照以上方法还没有部首的字，拆分第一级部件取部首，如曼取口、咫取尸。

［附　注］

①程养之《关于统一排检法的探讨》，《辞书研究》1995 年 5 期 128 页。

②《汉字信息字典》科学出版社 1988 年版 1071 页。

③谢自立《汉字查字法说略》，《语文研究》1980 年 1 期 122 页。

④程养之《汉字部首亟应统一》，《语文建设》1990 年 6 期 23 页。

⑤《抓紧做好部首排检法的统一和规范工作》，《文字改革》1983 年 8 期 11 页。

⑥李志江《语言文字规范化的规定和规范化字词典的编写》，《辞书研究》1995 年 6 期 22 页。

⑦章琼《谈汉字统一部首的立部与归部》，《语文建设》1997 年 8 期 7 页。

（《辞书研究》2007 年第 2 期）

有关《现代汉语词典》体例的几点建议

《现代汉语词典》是精品辞书，在社会语文生活里占有十分重要的地位。它是我的良师益友，我经常向它请教，获益良多。在多年使用的过程中，我发现它的体例还存在一些问题需要改进。现在写下来，请编者指正。本文所说的《现代汉语词典》指的是2005年6月北京第334次印刷的第5版。

一、字头后面的繁体、异体要分别标明

《现汉》的凡例规定："本词典单字条目所用汉字形体以现在通行的为标准。繁体字、异体字加括号附列在正体之后；既有繁体字又有异体字时，繁体字放在前面。"《现汉》字头后附列的繁体、异体有以下三种类型：

（1）只有繁体，没有异体。例如：

业　（業）

签[2]　（簽、籤）

（2）只有异体，没有繁体。例如：

夜　（亱）

强　（強、彊）

⑶既有繁体又有异体。例如：

罚　（罰、罸）

墙　（墻、牆）

汇[1]　（匯、彙、滙）

回[1]　（迴廻、囘、囬）

括号里面的字哪个是繁体、哪个是异体，没有标志，不容易分辨。当人们从事简繁转换或繁简转换时，只管繁体，不管异体，需要把繁体与异体区分开来。因此我建议：参考其他辞书的做法，把繁体和异体区分开来。关于繁体和异体的区分，遇到有争议的字，按照政府颁行的有关文件来处理就可以了。

二、加强条目写法的规范

《现汉》作为规范型的辞书，十分重视条目写法的规范。条目写法的规范包括两个方面，就是异体字的规范和异形词的规范。从辞书编纂来说，异体字的规范就是单字条目写法的规范，异形词的规范也就是多字条目写法的规范。《现汉》确立体例，认真贯彻执行，明确告诉读者哪种写法是规范形式，哪个写法是不规范形式。我们在肯定《现汉》取得的成绩的同时，还提出一些改进的建议。

（一）异体字的规范

1.《现汉》规范异体字有两种模式。一种是主要以1955年12月22日文改会和文化部发布的《第一批异体字整理表》（以下称《整理表》）为依据，《整理表》里淘汰的异体字不单独出字头，而是放在相关的正字后面，外加圆括号。例如：

庵 （菴）

翱 （翶）

不过《现汉》对《整理表》的规定也有少量调整。这又分两种情况。一种是《整理表》里有的异体字，《现汉》没有采用。例如“侃”后不收“偘”，“炕”后不收“匟”。另一种正好相反，《整理表》里没有的异体字，《现汉》做了补充。例如“慷”下增加了“忼”，“裉”下增加了“褙”。《新华字典》第十版《凡例》规定：“本字典的字头用大字排印。繁体字、异体字附在字头后面，外加圆括弧。不带*号的为繁体字，带一个*号的为《第一批异体字整理表》中的异体字，带两个*号的是《第一批异体字整理表》以外的异体字。”《现汉》可以参考《新华字典》的规定作出改进。

2.《现汉》规范异体字还有另外一种模式，就是异体字单独出字头，释义用“同”标明它与正字的关系。例如：

釜 古代的炊事用具，相当于现在的锅：破釜沉舟丨釜底抽薪。

鬴 〈书〉同“釜”。

琫 〈书〉刀鞘上端的饰物。

鞛 同“琫”。

“鬴”和“鞛”的释文里用了“同”，意思是“鬴”“鞛”分别是“釜”“琫”的异体字。这样处理是有根据的：

鬴 《说文·鬲部》：“釜，鬴或从金，父声。”《说文·鬲部》：“鬴，鍑属。”段玉裁注：“今经典多作釜，惟《周礼》作鬴。”

鞛 《玉篇·革部》：“鞛，刀下饰。亦作琫。”

上面说的这两种整理异体字模式，适用的对象分别是什么？根据《现汉》的实践大体可以说，第一种适用于现代汉字，第二种适用于文言古语用字。现代汉字是记录现代汉语所用的字，它不但用来阅读而且还要用于写作。规范的依据是政府主管语文工作的部门发布的规范标准，明确区分选用字和被淘汰的异体字，对规范社会用字有重要意义。文言古语用字是文言文里的专用字，主要用于阅读，不用于写作。古代文献里用到的字是客观存在，不存在改变或废止的问题，辞书规范这一类异体字的目的是指导阅读。为了突出这一类字是文言古语用字，每个义项的前面最好要用〈文〉来标明。例如：

鬴　〈文〉同“釜”。

鞛　〈文〉同“琫”。

3. 关于“同”的使用。

《现汉》在“同”的使用上有可商之处。“同”本来是训诂学术语，用于古代文献，指明文献中的某字“同”于人们所熟知的某字。例如《论语·公冶长》：“无所取材。”何晏集解引郑玄注：“古字材、哉同。”可见“无所取材”就是“无所取哉”。训诂学里使用“同”离不开具体的语境，是单向的。如上所述，《现汉》整理异体字的第二种模式，适用于文言古语用字，在“同”的前面一定要标明〈文〉，否则容易给使用造成混乱。例如：

辟[2]　〈书〉①排除：辟邪。②同“避”。

避　①躲开；回避：退避｜避而不谈｜避一会儿雨。②防止：避孕｜避雷针。

按照《现汉》目前的处理模式，读者会问：既然“辟[2]”同“避”，那么“回避”“避孕”等里面的“避”是不是也可以写作“辟”呢？显然不行。“辟[2]”同“避”本来是古今字。《左传·僖公二十三年》：“晋楚治兵，遇于中原，其辟君三舍。”这个意义后来写作“避”。这就是《现汉》的“②同

'避'"。显然这个"同"是有条件的，只限于古代文献，不适用于现代白话文，在现代白话文里"辟²"不同"避"。《现汉》在"辟²"的释义前面标了〈书〉，这个〈书〉只能说明这一条限用于书面语，不能说明它限用于文言文。我建议《现汉》在这类条目的释义前不标〈书〉，而改标〈文〉。写作：

辟² ①排除：辟邪。②〈文〉同"避"。

又如：

奔 ①奔走；急跑。②紧赶；赶忙或赶急事。③逃跑。④姓。（词例略）

犇 同"奔"。

"犇"在古籍里"同'奔'"。《荀子·议兵》："劳苦烦辱则必犇。"杨倞注："犇与奔同。"可是在现代白话文里，"犇"不能同"奔"，"奔波""奔驰"不能写作"犇波""犇驰"。为了反映这种关系，在"犇"的释义的前面应该标上〈文〉。不过这样做还有问题，就是表现不出"犇"还用于现代的人名。解决的办法，可以在释义的后面加上括注。改为：

犇 〈文〉同"奔"（现在也用于人名）。

（二）异形词的规范

《现汉》凡例规定："不同写法的多字条目，即异形词，区分推荐词形与非推荐词形，在处理上分为两种情况：（1）已有国家试行标准的，以推荐词形立目并作注解，非推荐词形加括号附列于推荐词形之后；在同一大字头下的非推荐词形不再出条，不在同一大字头下的非推荐词形如果出条，只注明见推荐词形。如【含糊】（含胡），'含胡'不再出条；又如【嘉宾】（佳宾），【佳宾】虽然出条，但只注为：见【嘉宾】。（2）国家标准未作规定的，以推荐词形立目并作注解，注解后加'也作某'，如【辞藻】…也作词藻；【莫明其妙】…也作莫名其妙。非推荐词形如果出条，只注同推荐词形，如【词藻】…同‘辞藻’。”

（1）的处理方式比较合适，非推荐词形不出条，加括号附列于推荐词形之后，以备查考；但是（2）的处理方式力度不够，“也作”和“同”都没有否定的意思，显示不出编者倡导的取舍倾向。我建议把（2）的“也作”改为“旧也作”，把“同”改为“原同”或“旧同”，这既可以满足阅读文献时查考的需要，又指明现在已经不能这样使用。对于非推荐词形，已有国家试行标准的不出条，国家标准未作规定的，出条但是标明“原同”或“旧同”，使两类有所区别。

三、改进语体体系的标注

现代的规范型辞书要建立语体体系的标注系统。这个系统主要有三个层次。第一层是区分古今，古代汉语标〈古〉，现代汉语不标。第二层现代汉语要区分方言和共同语，方言标〈方〉，共同语不标。第三层现代共同语要区分口语和书面语，口语标〈口〉，书面语不标。

根据这个系统，凡是没有标注的就是现代汉语共同语的书面语。《现汉》的《凡例》对语体体系的标注作出了规定，就是：“一般条目中，标〈方〉的表示方言，标〈书〉的表示书面上的文言词语，标〈古〉的表示古代的用法，〈方〉、〈书〉等标记适用于整个条目各个义项的，标在第一义项之前；只适用于个别义项的，标在有关义项数码之后。”考察一下上述规定的使用情况，可以发现《现汉》条目中有关古代的东西很多，但是〈古〉用得很少。这除了不少条目的释文中用了“古代”如何的字眼外，恐怕也和〈古〉〈书〉的交叉不无关系。

《现汉》条目中标〈书〉可以分为两类：一类是文言条目，另一类是已经被现代汉语吸收的来自文言的条目。属于前一类的，例如：

【伮】〈书〉邪。

【妣】〈书〉（死去的）母亲：先妣丨考妣。

【哕哕】〈书〉形容铃声。

【洴澼】〈书〉漂洗（丝绵）。

属于后一类的，例如：

【裨益】〈书〉①益处：学习先进经验，对于改进工作，大有裨益。②使受益：植树造林是裨益当代、造福子孙的大事。

【躬行】〈书〉亲身实行：躬行节俭。

【关隘】〈书〉险要的关口。

【惊愕】〈书〉吃惊而发愣。

【精审】〈书〉（文字、计划、意见等）精密周详：释义精审。

【井然】〈书〉形容整齐的样子：秩序井然丨条理井然丨井然不紊。

上述两类条目在语体色彩和用法上有明显的不同，前一类只能出现在文言文里，后一类主要或只能出现在白话文里。这两类在标注上要有所区别，才符合语言使用的实际，也才具有规范作用；可是《现汉》都标为〈书〉，掩盖了这种区别。我建议做出调整，前一类标〈古〉，后一类标〈书〉，不知是否可行。

四、改进《部首检字表》

2002年增补本《现汉》的部首检字表用的是189部的部首表，到了2005年第5版的《现汉》却改用了包含有201部的《汉字统一部首表（草案）》。《现汉》的老读者对189部已经熟悉，可是编者却轻易地弃旧图新，给老读者带来不便，而更为令人难以理解的是新的部首表并不比旧有的优胜。

首先应该明确《汉字统一部首表（草案）》（以下称“草案”）只是一个

草案，并不是政府发布的国家标准。是不是采用这个部首表，并不涉及是否执行国家规范。其次，这个“草案”并不完备，不适合使用。这样说的理由有三点。第一，凡是仔细看过这个“草案”的人都明白，它并不能原封不动地拿来就用，而必须做一定的加工调整。《现汉》第5版的《部首检字表》实际立部不是201部，而是282部。同样采用这个“草案”的《新华多功能字典》，实际立部是243部，而《现代汉语规范词典》是270部。当初制订《汉字统一部首表》的目的是为了实现部首表的统一，实际推行的结果这个目标并没有达到，依旧是各行其是。第二，完整的《部首检字表》应该包括立部与归部两个部分，而“草案”只有立部表、没有归部说明，所以它是个不完整的《部首检字表》。惟其如此，使用者就不得不自行其是，结果归部就变成各行其是，给使用者带来不便。例如：

	现汉	多功能	规范
忝	⺗一	心一	心
恭	⺗一	心	心
慕	⺗艹	心艹	艹
隳	⺗阝（左）	心	阝（左）

《现汉》为⺗单独立部，《多功能》《规范》把⺗附在心部，不单独立部。因为心和⺗意义相同而且笔画数相同，不单独立部较好。第三，《部首检字表》内各部的排列顺序，传统的做法是按笔画的数目由少到多来排列，如《康熙字典》。这已经形成了传统，给读者的使用带来方便。可是《现汉》第5版却打破了传统，同时采用两个标准混排，既按笔画数的多少，又按字形的繁简，把繁体部首夹在简体部首之后，结果就构成了难于检索的局面。而且《部首检字表》下面的《部首目录》和《检字表》又有不同，这徒增烦扰。下面是《部首目录》和《检字表》属于四画的前十个部首：

部首目录：王无韦耂木朩支犬歹车（朩）

检字表：王玉无旡韦韋木朩支犬

下面是《现汉·检字表》里四画部首的排列顺序：

王玉无旡韦韋木朩支犬犭歹歺车（车）車牙戈比瓦止攴攵日（曰）冃贝貝水氵氺见見牛（牜）⺧手扌龵气毛长镸長片斤爪爫父月⺼氏欠风風殳文方火灬斗户心忄⺗毋母

在四画的部首内，夹杂有三画的犭氵扌忄，五画的玉氺母，七画的車貝見镸，八画的長，九画的韋風。“韦韋、车車、贝貝、见見、风風”，都是简体后跟着繁体，而“无气斗”只有简体而没有繁体。在几种常见的《部首检字表》里，《现汉》可能是最乱的。这么复杂的检字表，让读者怎么去使用！我建议对《现汉》的《部首检字表》要做出改进。

（《〈现代汉语词典〉学术研讨会论文集（二）》，商务印书馆2009年版）

略议《汉语大字典》的修订

《汉语大字典》（下文简称为《大字典》）是新中国建立后编辑出版的大型字书，是100多位语言学家和语文工作者历经十多年的艰辛劳动所取得的成果。1986年出版第一卷，到1990年八卷本全部出齐。它在我国的文化建设上发挥了重大的作用。如果从1986年算起，已经使用了20年。在这20年间，人们发现了它的许多优点，同时也看到了它的某些不足。按照辞书出版的通例，一部大型辞书出版后15~20年就要修订，《大字典》已经到了应该修订的时间。下面我从七个方面谈谈《大字典》存在的一些问题，供修订时参考。每个方面举出几个例子，先列出《大字典》的原文，然后再说明我的看法。引例时把例句里的繁体字改为简化字。《大字典》虽有瑕疵，但不影响它的整体价值。经过修订，改正已经发现的讹误，它的质量将会有新的提高。

一、有的字形不统一

由于印制时受到客观条件的限制，《大字典》所用的字形还存在不统一的问题，突出的是有的用新字形，有的用旧字形。这不但降低了字书用字的示范作用，还造成了检索的困难。例如：

字头“直”《大字典》作“直”。

“墟”在《检字表》里是土部11画，而字典正文作“墟”，变成了土部12画。

“骨”字是新字形，9画；它的旧字形作“骨”，10画。《大字典》骨部收入了从骨的字头229字，其中用新字形的有40字，用旧字形的有189字。

“艹”字是新字形，3画；它的旧字形作“⺿”，4画。《大字典》艸部1画至8画，共有从⺿和从艹的字736字，其中从⺿的有313字，从艹的有423字。

这个问题必须解决。不论是简化字还是繁体字，有新旧字形差别的要采用新字形。从今天的技术条件说，这个问题完全能够解决。

二、有的楷化字头不合演变规律

一个汉字的字形由古文字发展为楷书是有规律的，不是任意的。其中虽然有讹变，但是大多数是有规律可循的。《大字典》里的楷化字头，有的与演变的规律不合。例如：

“彏”和“驩”楷书字头后附的小篆弄反了。

翃，同“凰”。《集韵·送韵》：“凰，古作翃。”查《集韵·送韵》作“翃”应该据以改正。

《大字典》：“[illegible]”对应的《说文》古文作“[illegible]”。按：《说文·西部》：“西，[illegible]，鸟在巢上也。”《说文·火部》：“煙，火气也。从火，垔声。”据此，“[illegible]”应楷化“垔”。

三、《笔画检字表》使用不便

《大字典》卷八有《笔画检字表》，该字表按笔画数排列《大字典》所收的全部字头。同笔画数的字的排列，与这些字在字典正文出现的先后相同。我们在使用《大字典》时遇到有些字不知道在哪一部，因而从正文找不到，只好去查《笔画检字表》，结果常常是仍旧找不到要查的字。作为一部收字超过 5 万的大型字书，正文依部首排列，还必须要有按照另一种排列方式编排的《检字表》。《检字表》可以用四角号码，也可以用笔画数加笔形，甚至也可以考虑用汉语拼音。《汉语大词典》的《单字汉语拼音索引》，使用也很方便。

另外，《大字典》共设200 部，这200 部分别编在7 卷书内。某一个部在哪一卷有时不易确定，使用时往往要在相邻的几卷中查来查去，费时费力。建议把每一卷所包括的部首在书脊上标明，以便检索。

四、释义有讹误

释义是字书的核心，像《大字典》这样的大型字书，字义问题极为复杂，难免存在某些讹误。在修订中要尽量发现问题，解决问题，以提高释义的质量。这个任务十分艰巨，但是要努力去做。下面举出几个释义中存在的问题，略作说明：

眼　（一）yǎn　①目，眼睛。《说文·目部》：“眼，目也。”徐灏注笺："戴氏侗曰：眼，目中黑白也……合黑白与匡谓之目。"王力先生说："'眼，的本义是眼珠子。《说文》：'眼，目也。'释义不确切。戴侗曰：'眼，目中黑白也。'那才是正确的。合黑白与眶谓之目。《释名》：'眼，限也，童子限限而出也。'可见'眼'就是眼珠子。"（《王力文集》第11卷596页）应该参考王力先生的意见修订释义。

伯　⑥妻子对丈夫的称呼。《诗·卫风·伯兮》："伯也执殳，为王前驱。"朱熹注；"伯，妇人目其夫之字也。"《诗·卫风·伯兮》："伯兮朅兮，邦之桀兮。"毛传："伯，州伯也。"郑笺："伯，君子字。"孔疏："伯仲叔季，长幼之字，而妇人所称云伯也，宜呼其字，不当言其官也。"可见"伯也执殳"里的"伯"是妇人称呼她丈夫的字，不是把丈夫称为伯。义项⑥不能成立。至于孔疏的"不当言其官也"是针对毛传"伯，州伯也"说的。

竟　通"境"。疆界。《左传·庄公二十一年》："卿非君命不越竟。"表示"疆界"的意思，先秦用"竟"，不用"境"，因为那时还没有"境"字。据洪适的《隶释》，"境"字始见于汉顺帝永和四年的张平子碑。可见说"竟通'境'"不够妥当。可以改为："竟　疆界。后作'境'。"

弹　（一）dàn　①弹弓。《说文·弓部》："弹，行丸也。"桂馥义证："行丸也者，《开元文字》引云：'弹之，谓行丸者也。'《御览》引《字林》：'弹，行丸者。'"（二）tán　①用弹弓发射；弹射。《左传·宣公二年》："从台上弹人而观其避丸也。'""弹"是多音多义字，现在名词义读dàn，动词义读tán。《说文·弓部》的"弹，行丸也"里的"弹"是名词还是动词？段玉裁认为是动词，他给"弹，行丸也"作的注说："左传：'晋灵公从台上弹人，而观其避丸也。'引申为凡抨弹、纠弹之称。"段玉裁的解释是正确的，《大字典》认为《说文》讲的"弹"是名词，引用桂馥的《义证》作为证明。细看桂馥《义证》，他引用的《开元文字》和《字林》解释的是"行丸者"，而不是"行丸也"。就在《大字典》引用的《义证》的话的下面，紧接着的是“《宣二年左传》：‘从台上弹人而观其避丸也。’”“弹人”的“弹”自然是动词性的。《大字典》应该把《说文·弓部》：“弹，行丸也。”移到音项（二）tán 的下面。

坏 （一）huài ①破败；衰败。《说文·土部》：“坏，败也。”段玉裁注：“败者，毁也。毁坏字皆谓自毁自坏。”《广韵·怪韵》：“坏，自破也。”《论语·阳货》：“君子三年不为礼则礼坏，三年不为乐则乐崩。”朱骏声《说文通训定声·履部》：“坏，败也。按当训毁也。……《尔雅·释诂》：‘坏，毁也。’”坏的本义指房屋倒塌。《诗·大雅·板》：“无俾城坏。”《韩非子·说难》：“宋有富人，天雨墙坏。”《大字典》应该补出“坏”的本义。“坏”由本义引申指使房屋倒塌。《史记·秦始皇本纪》：“坏城郭，决通堤防。”由屋坏引申为衰败。《论语·阳货》：“君子三年不为礼则礼坏，三年不为乐则乐崩。”

炁 同“气”。《玉篇·火部》：“炁，古气字。”《集韵·未韵》：“气，《说文》：‘云气也。象形。’一曰息也。或作气、炁。《关尹子·六匕》：‘以神存炁，以炁存形。’”《汉语大词典》“炁”下有“道教多以指人的元气”，似应参照增补。

五、有的例证与释义不能配合

《大字典》例证繁多，征引宏富，难免出现某些不当之处。释义与举例密切相关，所以要特别留意释义与例证的配合。如果配合不紧密，就会影响读者对释义的理解。

内 ②通“讷（nè）”。迟钝。《论语·子路》：“刚、毅、木、讷近仁。”《论语·子路》的话是为“内”字的“迟钝”义作证，可是话中却没有“内”字，只有“讷”字。

值　⑪与价钱、价值相当。《史记·魏其武安侯列传》："生平毁程不识不值一钱。"《说文·人部》："值，措也。"指措置。朱骏声《说文通训定声·颐部》："值……经传皆以置为之。""值"字在唐代以前没有"价值"的意义，表示"价值"的意思要用"直"。《大字典》引用的《史记·魏其武安侯列传》的例子，《史记》本文作"生平毁程不识不直一钱"，用的是"直"，而不是"值"。由于误用了《史记》的例子，《大字典》把"值"字的"价值"的意义大大提前了。

哪　（三）nǎ①代词。2. 用于虚指，表示不确定的一个。如：指哪打哪。哪天得空哪天来。"指哪打哪"、"哪天有空哪天来"里面的"哪……哪……"不表示虚指，而是表示周遍性，也就是任指。两个"哪"前后呼应，后一个"哪"的所指要随前一个"哪"的所指发生变化。"指哪打哪"意思是"指这儿就打这儿，指那儿就打那儿"。

允　（一）yǔn③答应；许可。如：应允，允许。《正字通·儿部》："今俗许诺曰允。"《书·大禹谟》："祗载见瞽瞍，夔夔斋慄，瞽亦允若。""允"在上古没有允许的意思，上面引用的《书·大禹谟》里的"允"是"信"的意思。孔传对"瞽亦允若"的解释是"父亦信顺之"，意思是瞽瞍也变得诚挚和顺了。

姻　④婚姻；嫁娶。《诗·小雅·我行其野》："不思旧姻，求尔新特。"姻"字在上古没有婚姻、嫁娶的意思。"不思旧姻"的"姻"，郑笺："婿之夫曰姻。"应该换例。

便　⑨副词。1. 表示动作的时间，相当于"就"、"即"。《字汇·人部》："便，即也。"《庄子·达生》："若乃夫没人，则未尝见舟而便操之也。""便"表示"就"、"即"是后起的用法，《庄子》里没有这样的用法，应该换例。对《庄子·达生》的这个句子，成玄英疏："谓津人便水，没入水下，犹如鸭鸟没水，因而捉舟。"其中的"便"是熟练的意思，"便水"

指熟悉水性。

六、有错字

《大字典》还有个别错字，例如：

旡 同“无”。《玉篇·无部》：“旡，古文无。”这一条里的三个“无”都应该是“旡”。

⿱夾衣 同“夾”。《集韵·昔韵》：“夾，盗窃裹物也。或作⿱夾衣。”这一条里的两个“夾”都应该是“㚒”。“夾”是入声字，“㚒”是去声字，两个字的形音义都不同。

雍 ④《淮南子·主术》：“鼛鼓而食，奏雍而彻。”高诱注：“鼛鼓，王者之食乐也……雍，巳食之乐也。”“巳”应该是“已”。

七、标点的使用有差错

《大字典》另有个别标点问题，例如：

《左传·文公元年》：“江芈怒曰：‘呼，役夫!’宜君王之欲杀女而立职也。”“呼，役夫！宜君王之欲杀女而立职也”都是江芈说的话，所以要把“呼，役夫!”里的后引号移到“职也”的后面。

《诗·鄘风·桑中》：“爰采唐矣，沬之乡矣。”“沬”是地名，下面应该加专名号。

《礼记·檀弓上》：“曾子闻之，瞿然曰：呼!”“呼”字连同叹号要加单引号。

（《辞书研究》2008年第5期）

于细微处见精神

——谈《新华字典》第十版

《新华字典》是经过几代语言学家、辞书学家的辛勤劳动而产生出来的优秀辞书，有很高的质量，有很大的影响。像这样的字典虽然不能说它已经是尽善尽美，但是可以说它没有明显的硬伤和严重的疏漏。对这样的字典进行修订是很不容易的，修订者要有相当高的学术水平，而且还要有极端负责的精神。修订主要有两个方面：一个方面是贯彻新出台的语言文字规范文件，吸收新产生的词语和用法；另一方面是对原有的内容做必要的充实和提高。我把《新华字典》的第9版和第10版做了比较，发现第10版的修订确实有许多值得称道的地方。它不但保持了第9版的优点，而且在原有的基础上又有所提高。这次修订的许多地方看起来比较细微，但正是这些细微的地方显出来修订的水平。研究《新华字典》修订的经验，对于提高辞书编写水平以至语文研究水平都有参考价值。下面我分类并举例加以说明。一般是先列出第9版的内容，后面加个○，○后面说明第10版的修订处和修订的理由。

一、加强了规范性。

那 【那么】【那末】。○第10版改为：【那么】（＊那末）。“那么”和“那末”是异形词，《第一批异形词整理表》以“那么”为推荐形式。

拟 【拟声词】摹拟事物声音的词。○第10版把“摹拟”改为“模拟”。“摹拟”和“模拟”是异形词，《第一批异形词整理表》以“模拟”为推荐形式。

分 名位、职责、权利的限度：分所当然．身分．本分．○第10版删去了“身分”，因为《身份证法》以“身份”为规范形式。

掺 同“搀②”。○第10版改为：混合（－杂）：里面搀糖了．因为《第一批异形词整理表》对“掺”“搀”做了分工：“掺”表混合义，“搀”表搀扶义。所以混合义 改为以“掺”为主条，在“掺”下释义并举例；以“搀”为副条，在“搀”下只注“同‘掺’”。

搀 ①用手轻轻架住对方的手或胳膊（－扶）：你搀着那位老人吧．②混合（－杂）：里面搀糖了．○第10版改为：①用手轻轻架住对方的手或胳膊（－扶）：你搀着那位老人吧．②同“掺”。修改的理由同上条。

碜 【牙碜】食物中夹杂着砂子，嚼起来牙不舒服。○第10版把“砂子”改为“沙子”。“沙子”比“砂子”更常用。

二、增补或修改了释义。

哀 第10版增加了义项③怜悯，同情：哀怜．哀其不幸．

艾 第10版增加了【艾滋病】及释义。

层 第10版增加了义项②重叠的事物或其中的一部分：云层．大气层．

基层．

碴　②（－儿）东西上的破口：碗上还有个破碴儿．○第10版在②下增加了一个比喻义：争执的事由：找碴儿打架．

婵　第10版在【婵娟】下增加了义项③古诗文中指明月。苏轼《水调歌头》里的“但愿人长久，千里共婵娟”可以说是家喻户晓。

凡　第10版增加了义项⑤总共：全书凡十卷．

封　第10版增加了义项④指疆界，范围：封疆．以上七条都增加了释义，使释义更能适应读者的需要。

硇　【硇洲】岛名，在广东省湛江附近海中。○第10版改为：岛名，在广东省湛江东南海中。“硇”“沣”下有关地理位置的释义修改后更具体更详尽。

沣　沣水，水名，在陕西省。○第10版改为：沣河，水名，在陕西省西安。

朝　①向着，对着：朝前看．坐南朝北．朝着宏伟的目标前进．○面对义的“朝”是动词，向着义的“朝”是介词。第9版的释义把动词义和介词义混在了一起。第10版分开了，先讲动词义，再讲由动词义引申出来的介词义。改为：①面对：坐北朝南．这个窗户朝着大街．（引）介词，向着，对着：朝前看．朝着宏伟的目标前进．

槽　①一种长方形或正方形的较大的器具：石槽．水槽．○第10版把“器具”改为“容器”，因为“器具”一般指用具、工具，而“容器”指盛物品的器具。这是用词的修改。

觇　【觇标】一种测量标志。标架用几米到几十米的木料或金属制成，架在被观测点上作为观测目标。○第10版改为：一种测量标志。标架用木料或金属制成，高几米到几十米，架在被观测点上作为观测目标。这是对释义语句的修改，改后更准确更流畅。

伥　古时迷信传说被老虎咬死的人变成鬼又助虎伤人。○第10版改为：古代传说中被老虎咬死的人变成的鬼，它常助虎伤人。第9版的释义是动词性的，而“伥”是名词，所以要修改。

三、删改了释义。

愤　【发愤】自己感觉不满足，努力地做：发愤图强．也作“发奋”。○第10版删 去了“也作‘发奋’”。因为人们几乎不说“发奋图强”，而常说“奋发图强”。

任　⑥随便，不论：任谁说也不听．任什么都不懂．○第10版把“随便”去掉。因为“随便”是多义词，几个意义分属于不同的词类。

忿　生气，很：忿忿不平．也作“愤”。○第10版把“也作‘愤’”改为“现多作‘愤’”。这样修改更符合语言的实际。

枋　【枋子】棺材。○第10版删除，因为“枋子”现代生僻少用。

蔡　②〈古〉大龟：蓍蔡（迷信占卜用的东西）。○第十版删去“迷信”二字，因为“占卜”本身就是迷信。

参　②旧指进见：参谒．参拜．○第十版删去“旧指”二字，因为“参谒”、“参拜”现在还用。

忱　①真实的心情：热忱．谢忱．②诚恳：忱挚．○第10版删去义项②诚恳：忱挚．因为“真实的心情”和“诚恳”基本意思相同，应该合并。

四、修改了用例。

诺　①答应的声音，表示同意（叠）：唯唯诺诺．○第10版把“唯唯诺诺”改为“诺诺连声”。因为“唯唯诺诺”不是表示同意，而是表示卑恭顺从。

然 ②这样，如此：当然．所以然．快走吧，不然就迟到了。○第10版把举例改为：知其然，不知其所以然。改为单用“然”字的例子。

尘 ②尘世（佛家道家指人间，和他们所幻想的理想世界相对）。○补用例：尘俗．红尘．

趁 ①利用机会：趁热打铁．趁着没下雨打场．○第10版把第二个例子改为“趁着晴天打场”，更符合生活的实际。

五、增加和修改了插图。

脑 增加了“人的脑”的插图。

莲 第9版的插图莲花、荷叶、莲蓬都生长在同一个藕节上。第10版做了修改，使莲花、荷叶、莲蓬与藕分开。

（《文汇读书周报》2007年1月26日）